Z会

小学生のための

思考力 ひろがる ワーク

基礎編 しぼりこみ

JN097890

学校の教科学習とは異なる"思考力"を身につけます

『Ｚ会　小学生のための思考力ひろがるワーク』は，学校の教科学習とは異なる観点での「思考力」を身につけるためにつくられた本です。パズルのように楽しく挑戦することで，自然と「思考力」が身につきます。

１つ１つの問題にじっくりと取り組むことで脳が活性化する快感,解けた瞬間の「わかった！」と目の前が明るくなる達成感が味わえる問題を揃えました。考えることが好きになれるワークです。

知識そのものではなく，"知識を使う力"を養います

知識そのものを身につけるのではなく，知識の運用力を問う問題が基本です。教科書や問題集などでは見たことのないような問題の中に，「教科で学ぶ知識が問われる要素」と「知識を活用する力が問われる要素」をバランスよく盛り込んでいます。

要求される知識としては難しくないものの，発想力や着眼点で高度なレベルを要求するものも多くあります。とくに，のマークがついているものができたときは，大いにほめてあげてください。

情報から答えを特定する『基礎編　しぼりこみ』

証言や表などから集めてきた情報をもとに，"絞り込む"ことで答えを見つける問題を集めました。情報の使い方を考える，あるいは情報そのものを探し出してくることを通して，考える力が身につきます。とくに「情報整理力」や「論理的判断力」をきたえるのに最適です。

今，求められている"思考力"とは

子どもたちを取り巻く環境の変化

　近年,インターネットの普及やAI(人工知能)の進歩,グローバル化の進行などにより,社会環境の変化はますます速くなっています。このような社会を生き抜くためには，自ら課題を発見していく力や，状況に合わせた柔軟なものの見方が大切です。

　これを受けて，教育の現場では「思考力・判断力・表現力」や，「主体性を持って多様な人々と協働して学ぶ態度（主体性・多様性・協働性）」が評価されるようになってきました。また，中学校・高校・大学の入学試験でも，知識を問うだけではなく，知識を応用し活用して解く問題が目立つようになってきました。各校が，ひいては社会全体が，「自ら課題を見つけ，他者と共に行動して，答えや新しい価値を生み出せる人材」を求めているのです。

本書で"思考力"を身につける

　このような人材になるためには，それぞれの教科で学ぶ知識を理解することももちろん重要ですが，それだけでは十分とはいえません。教科ごとの学習を"縦糸"としたとき，それらを結びつけ広げていく"横糸"をもっていることが大切です。

　この"横糸"にあたる「思考力」を養うことを目的につくられたのが，本書『Z会小学生のための思考力ひろがるワーク』シリーズです。国語，算数などの教科学習で学んだ知識や，日常生活で習得した知識を土台にして，その上に「連想力」「試行錯誤力」「論理的判断力」「情報整理力」「注意力」「推理力」といった幅広い力を身につけていきます。

本書で身につく6つの力

🌱 連想力（思いつく力）

　あるものごとから，別のものごとを考え出していく力です。部分的な情報から全体像を思い浮かべたり，以前体験したことや既知の知識との関連を見いだして，課題の解決策を考えたりする力が，これにあたります。

🌱 試行錯誤力（いろいろ試す力）

　仮定を立て検証する，その繰り返しによって問題を解決していく力です。「こうしてみたらどうだろう？」と，解決策につながりそうな手法を複数考え出す力はもちろん，ものごとにねばり強く取り組む力もふくまれます。

🌱 論理的判断力（順序立ててきちんと考える力）

　きちんとした根拠にもとづいて，結論を導くことができる力です。ものごとを伝えたり，相手を説得したりといった場面で，「○○である，なぜならば△△だから」と，正当な根拠をもって説明する力でもあります。

🌱 情報整理力（整理する力）

　与えられた情報を整理し，まとめる力です。効率よく答えを導くために情報をわかりやすく整理したり，多くの情報の中から必要なものを見抜いたりといった力があてはまります。

🌱 注意力（よく見る力）

　全体を見渡すことができる力・細かい部分に気がつくことができる力です。全体と部分を比べての違いや正しいものを発見する力がふくまれます。

🌱 推理力（見抜く力）

　直接は見えない規則・事象などを推し量り，見抜くことができる力です。法則や規則性を見つけ出す力が該当します。

もくじ

この本の使い方

1 この本には，問題が **1** から **50** まであります。

1 からじゅんばんに取り組みましょう。

わからない問題は，あとまわしにしてもよいです。あとからもう一度考えてみましょう。

2 1回分が終わったら，【かいとう】を見ながら〇つけをしましょう。

3 〇つけをしたら，さいごのページにシールをはりましょう。

4 **1** から **49** までのシールをはると，絵がでてきます。**50** はこの絵を見ながらとく問題です。**1** から **49** までのシールをはったあとに，**50** に取り組みましょう。

5 のマークがついている問題は，むずかしい問題です。

これがとけたら，おうちの人にじまんしましょう。

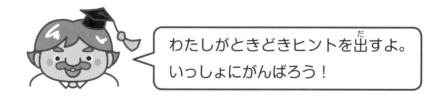

わたしがときどきヒントを出すよ。
いっしょにがんばろう！

《保護者の方へ》本書のご案内

■ 問題

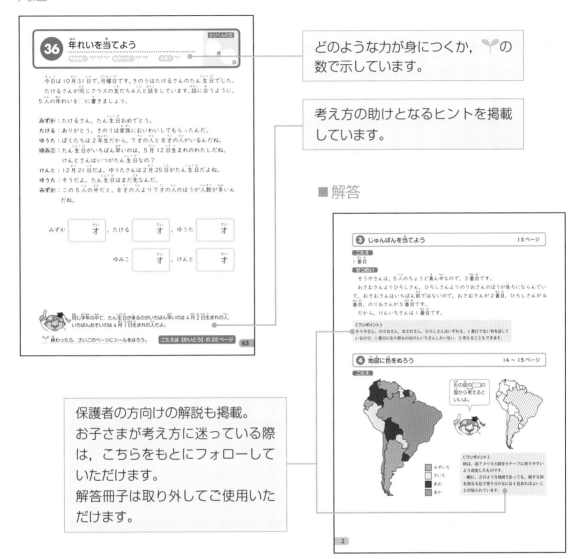

どのような力が身につくか，🌱の数で示しています。

考え方の助けとなるヒントを掲載しています。

■ 解答

保護者の方向けの解説も掲載。
お子さまが考え方に迷っている際は，こちらをもとにフォローしていただけます。
解答冊子は取り外してご使用いただけます。

※本書に掲載している問題について

　本書に掲載している問題には，お子さまの学年より上の学年で学ぶ知識を使うものもふくまれることがあります。もし難しく感じる問題があったら，飛ばしてもかまいません。

　この時期のお子さまの成長は目を見張るものがありますから，少し期間を空けてから取り組むと，すっと理解できることもあります。しばらく経ったあとに，もう一度取り組んでみるよう，声をかけてあげてください。

1 おもちゃ箱を見つけよう

情報整理力 ❤❤❤　注意力 ❤❤　論理的判断力 ❤

たくまさんの話を読んで，たくまさんのおもちゃ箱の記号に〇をつけましょう。

たくまさん

ぼくのおもちゃ箱には，きかん車のおもちゃが入っているよ。それから，水でっぽうも入っているんだ。
うさぎのぬいぐるみは入っていないけれど，かめのぬいぐるみが入っているよ。

ア

イ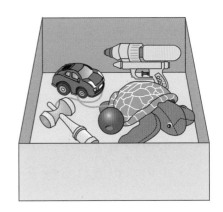

ウ

エ

オ

カ

2 くり返しの言葉を当てよう

連想力 ❤❤❤　情報整理力 ❤❤

　次の文は,「ぺらぺら」や「どきどき」のように, 同じ音をくり返す言葉のせつめいです。せつめいにあてはまる言葉を, ひらがな4文字で書きましょう。

① ・かわいた葉っぱがふれ合うと, このような音が聞こえます。
　・かみの毛などが, かわいてなめらかな様子を表すときに使います。
　・川の水が流れる様子を表すときに使います。

② ・たき火などが, しずかにもえる様子を表すときに使います。
　・まばたきをくり返す様子を表すときに使います。
　・はく手の音を表します。

③ ・なまけて, 何もしないでいる様子を表すときに使います。
　・重いものが転がる音を表すときに使います。
　・かみなりがひびきわたる音を表すときに使います。

🌱 終わったら, さいごのページにシールをはろう。

こたえは【かいとう】の1ページ

3 じゅんばんを当てよう

とりくんだ日

月

日

情報整理力 ❀ ❀ ❀ 論理的判断力 ❀ ❀ ❀ 試行錯誤力 ❀

　そうやさん，のりおさん，おさむさん，ひろしさん，けんいちさんの 5 人が，1 列にならびました。

前

後ろ

1 番目　　2 番目　　3 番目　　4 番目　　5 番目

　5 人の話に合うように，けんいちさんが何番目にならんでいるかこたえましょう。

そうや：ぼくは 5 人のちょうど真ん中だったよ。

のりお：ぼくはひろしさんより後ろだったよ。

おさむ：ぼくはいちばん前でもいちばん後ろでもなかったよ。

ひろし：おさむさんはぼくより前にならんでいたよ。

番目

4 地図に色をぬろう

注意力 Y Y　　論理的判断力 Y

とりくんだ日

月

日

　次の 4 つの色を使って，右のページの地図に，となり合った国がちがう色になるように色をぬりましょう。

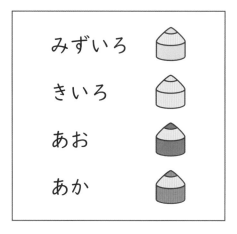

みずいろ

きいろ

あお

あか

同じ色は何回使ってもいいよ。

14

5 とくちょうを考えよう

情報整理力 🌱🌱　連想力 🌱

とりくんだ日

月

日

次の6このものについて，あてはまるものをこたえましょう。

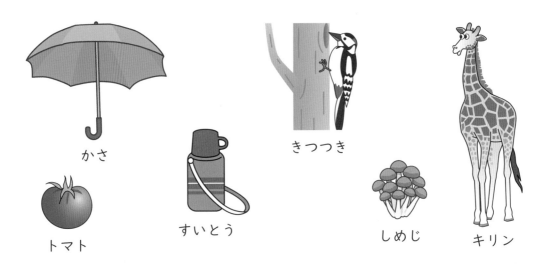

かさ

トマト

すいとう

きつつき

しめじ　キリン

① さかさから読んでも同じになるものを，ぜんぶこたえましょう。

② やさい売り場で売っているものを，ぜんぶこたえましょう。

③ ほねがあるものを，ぜんぶこたえましょう。

③のほねがあるものは，生き物以外にもあるよ。

🌱 終わったら，さいごのページにシールをはろう。

こたえは【かいとう】の3ページ

16

6 かばんを持っている人を当てよう

情報整理力 ΥΥΥ　論理的判断力 ΥΥ　試行錯誤力 Υ

　はるなさん，あきなさん，ゆきなさんは 3 人姉妹です。
　ある日，姉妹 3 人とお父さん，お母さんの，あわせて 5 人で出かけました。
5 人が，かばんを持っている人や持っていない人について話をしていますが，
お父さん，あきなさん，ゆきなさんは本当のことを言っていて，お母さんと
はるなさんは本当ではないことを言っています。
　かばんを持っている人はだれですか。ぜんぶえらんで○をつけましょう。

お父さん ：5 人のうち，かばんをもっている人は 3 人いるよ。
お母さん ：わたしはかばんを持っていないよ。
はるな ：わたしはかばんを持っているよ。
あきな ：お父さんとお母さんのうち，1 人だけがかばんを持っているよ。
ゆきな ：はるなお姉ちゃんとあきなお姉ちゃんのうち，1 人だけがかば
　　　　　んを持っているよ。

> ## はるなさん ・ あきなさん ・ ゆきなさん
> ## お父さん ・ お母さん

Υ 終わったら，さいごのページにシールをはろう。　こたえは【かいとう】の 3 ページ

7 しつもんを使って分けよう

情報整理力 🌱🌱🌱 注意力 🌱

┊┄┄┄┊の中の６この道具について，[　　　　]のしつもんに「はい」か「いいえ」でこたえていきます。

[　　]に入るものの名前を，ひらがなで書きましょう。

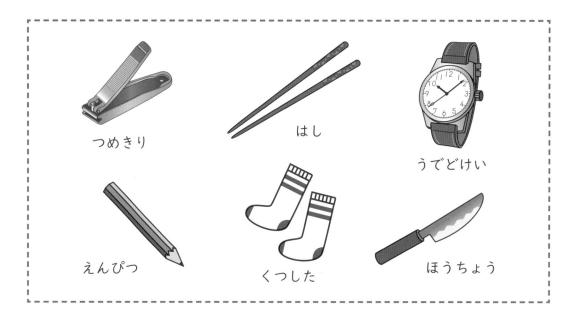

つめきり

はし

うでどけい

えんぴつ

くつした

ほうちょう

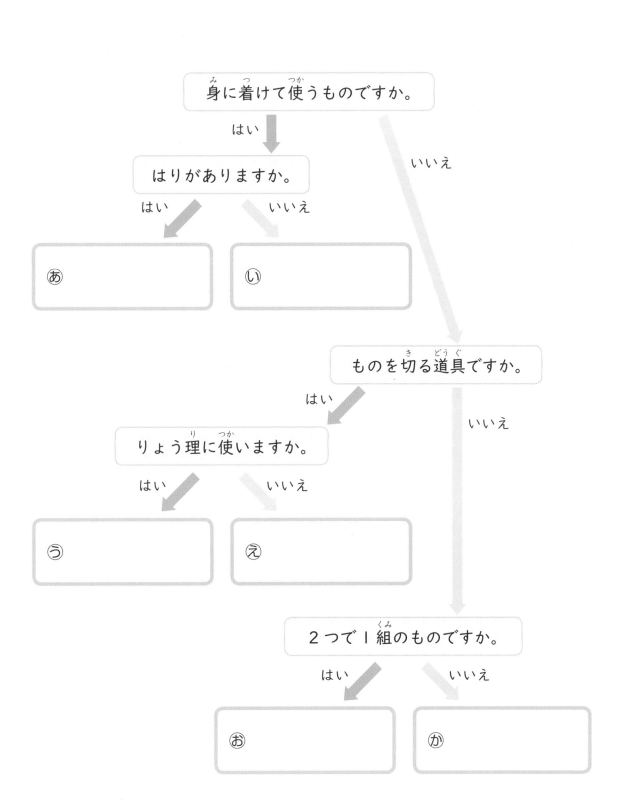

身に着けて使うものですか。

はい

はりがありますか。

はい　　いいえ

あ

い

いいえ

ものを切る道具ですか。

はい

りょう理に使いますか。

はい　　いいえ

う

え

いいえ

２つで１組のものですか。

はい　　いいえ

お

か

🌱 終わったら，さいごのページにシールをはろう。

こたえは【かいとう】の３ページ

19

8 # ねこにつかまらないように進もう

試行錯誤力 ⅄ ⅄ ⅄ 　注意力 ⅄ ⅄ ⅄ 　論理的判断力 ⅄

右のページのような部屋に，とがいます。

ねこ　　　ねずみ

━━ や ═══ はかべなので，通りぬけることはできません。かべがないところは，自由に通れます。

ねずみと ◢チーズ◣ の間にかべがなくなると，ねずみはチーズのところに行って，チーズを食べることができます。また，ねことねずみの間にかべがなくなると，ねこはねずみのところに行って，ねずみをつかまえてしまいます。

ねずみが，ねこにつかまらずにチーズのところに行けるように，═══ のかべをいくつかこわします。こわすかべに○をつけましょう。

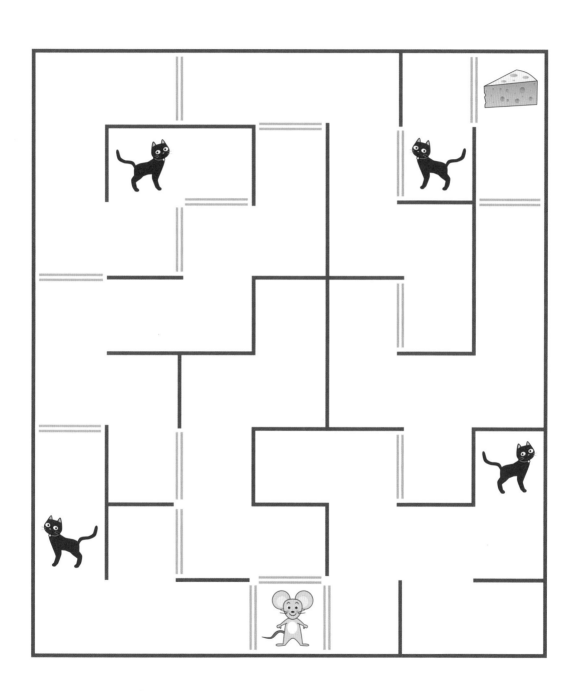

9 車を見つけよう

情報整理力 ᕙᕙᕙ　論理的判断力 ᕙᕙ　注意力 ᕙ

　下のように，ちゅう車場に車が 10 台止まっています。この中の 1 台が，山田さんの車です。
　山田さんの話を読んで，山田さんの車を見つけて〇をつけましょう。

《山田さんの話》
1 わたしの車のとなりには，白い車が止まっているよ。
2 わたしの車のとなりには，黒い車は止まっていないよ。
3 わたしの車の正面に止まっている車は，白い車ではないよ。

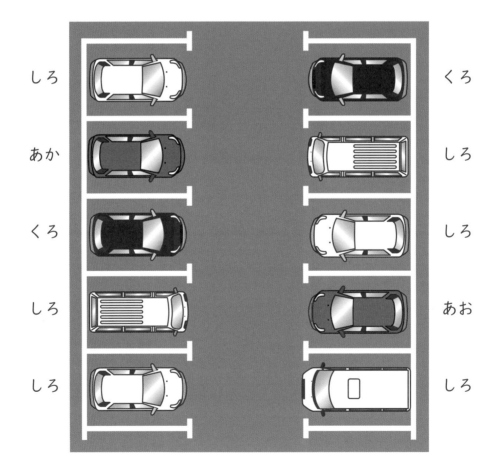

しろ　　　　　　　　　　　　くろ

あか　　　　　　　　　　　　しろ

くろ　　　　　　　　　　　　しろ

しろ　　　　　　　　　　　　あお

しろ　　　　　　　　　　　　しろ

ᕙ 終わったら，さいごのページにシールをはろう。　　こたえは【かいとう】の 5 ページ

10 予定を決めよう

情報整理力 注意力 論理的判断力

ふゆみさん，きよしさん，あやこさんの3人は，2月22日にいっしょにスキーに行くことにしました。この年の2月のカレンダーは右のようになっています。

2月

日	月	火	水	木	金	土
1	2	3	4	5	6	7
8	9	10	11	12	13	14
15	16	17	18	19	20	21
22	23	24	25	26	27	28

3人とも，はじめてスキーをするので，スキーをするのにひつようなものをいっしょに買いに行くことにしました。3人の話に合うように，買い物に行く日を決めましょう。

ふゆみ：駅前にいいお店があるから，そこに行こう。今日は2月2日で，スキーに行くのは2月22日だから，その間のどこかで行かなくてはいけないね。
土曜日や日曜日はとてもこんざつするから，月曜日から金曜日のどこかで行こう。それから祝日もこんざつするから，11日もやめたほうがよいね。

きよし：火曜日は，そろばん教室があるから行けないんだ。それと，4日，12日，20日は予定が入っているから，その日も行けないよ。

あやこ：わたしは月曜日に，バレエのおけいこがあるから行けないよ。あとは，6日と18日も用事があるんだ。それと，あのお店は木曜日はお休みだから，木曜日はだめだよ。

ふゆみ：じゃあ，みんなの予定が合う，2月 ☐ 日に行こう。

🌱 終わったら，さいごのページにシールをはろう。 こたえは【かいとう】の6ページ

11 にせもののセットを見つけよう

注意力 🌱🌱🌱　　情報整理力 🌱　　試行錯誤力 🌱

　ひろがるベーカリーで，パンが 3 つずつ入ったお楽しみセットを 4 つ作りました。お楽しみセットは次の 6 しゅるいのパンを 2 つずつ使って作りました。

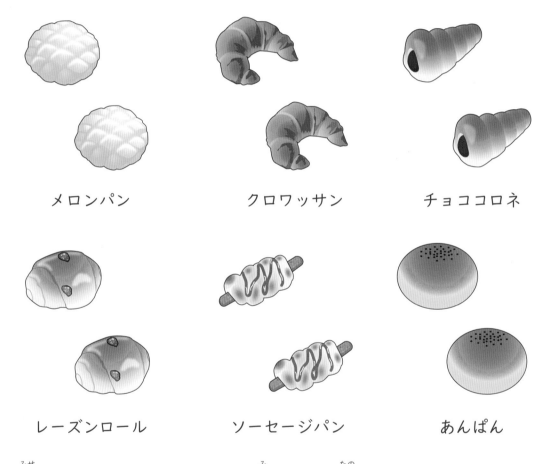

メロンパン　　　　　クロワッサン　　　　　チョココロネ

レーズンロール　　　ソーセージパン　　　　あんぱん

　お店にならべてしばらくしてから見たら，お楽しみセットが 5 つにふえていました。はじめに作ったセットにくわえて，にせもののお楽しみセットが 1 つふえてしまったようです。はじめに作ったセットのふくろは，お店にならべてから開けていません。にせもののお楽しみセットを見つけて，記号に〇をつけましょう。

ア

イ

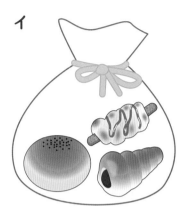

ウ

エ

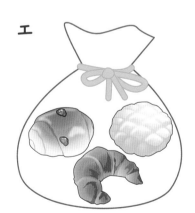

オ

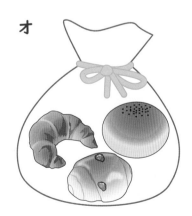

パンは2つずつ使ったはずなのに，3つ使われているパンがあるね。

終わったら，さいごのページにシールをはろう。

こたえは【かいとう】の6ページ

いさおさん，はじめさん，みなとさん，つばささんの4人が，なわとびをつづけて何回とべるかきょうそうしました。けっかは右の表のようになりました。

1番	はじめさん	46回
2番	つばささん	39回
3番	みなとさん	23回
4番	いさおさん	17回

このけっかを見ながら，4人が話をしています。けっかに合うように，どの言葉をだれが話したか，□に書きましょう。同じ名前は1回ずつしか書けません。

いつもよりたくさんとべたけれど，1番にはなれなかったよ。

あ　　　　さん

いさおさんより多くとべたよ。

い　　　　さん

がんばったけれど，つばささんに負けてしまったよ。

う　　　　さん

なかよしのみなとさんに負けてくやしかったな。次は勝てるようにがんばるぞ。

え　　　　さん

Y 終わったら，さいごのページにシールをはろう。

こたえは【かいとう】の6ページ

13 何をせつめいしているか考えよう①

連想力 ❤ ❤ ❤ 情報整理力 ❤ ❤

次のヒントは, □ の中のどれかをせつめいしています。何をせつめいしているか考えて, あてはまるものに○をつけましょう。

① ・あしは4本よりたくさんあります。
・ふだんは海の中にいます。
・同じ名前で, 空にうかべるものがあります。

> ひょう・いか・くも・たこ・はと・かめ

② ・目があるものです。
・生き物ではありません。
・転がして使います。

> かたつむり ・ さいころ ・ こま ・
> たたみ ・ マスク ・ 台風

③ ・日本で使われているこうか（金ぞくでできたお金）です。
・あなはあいていません。
・数字の「0」が書かれています。
・10まいで, べつのこうかと同じねだんになります。

 ③は, おうちの人にこうかをかりて, かんさつしてみよう。

❤ 終わったら, さいごのページにシールをはろう。　　こたえは【かいとう】の7ページ

14 ぜんぶのかごを拾おう

試行錯誤力 ￥￥￥　情報整理力 ￥￥　注意力 ￥

≪スタート≫から≪ゴール≫まで，ルールにしたがって進みます。通る道を線でなぞりましょう。

> **ルール**
>
> ・ぜんぶのかごを拾いながら通る。
> ・くだものが入っているかごは，〈きまり〉に書いてあるじゅんばんで拾う。
> ・道や，かごがある場所は，１回ずつしか通れない。

① 〈きまり〉

いちご　　みかん　　バナナ　　ぶどう　　のじゅんばんに拾う。

② 〈きまり〉

くだものが入っているかごで 2 番目に拾うのが  ，3 番目に拾うのが になるように拾う。

いちご

ぶどう

③ 2 つの通り方をこたえましょう。

〈きまり〉

 は より先に拾う。

いちご　　バナナ

は より先に拾う。

ぶどう　　みかん

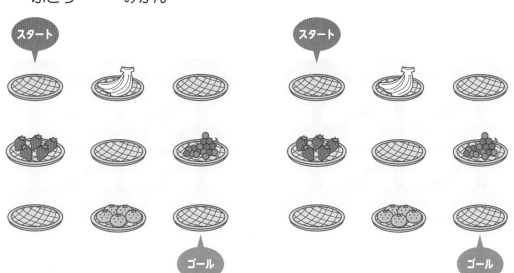

15 どの向きから見たか当てよう

情報整理力 ￥￥￥　注意力 ￥￥

赤，青，黄色，緑，むらさき，白の真四角のつみ木が，それぞれたくさんあります。

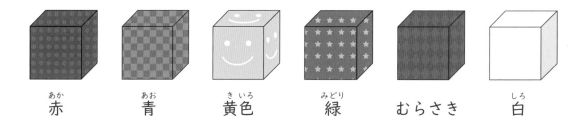

| 赤 | 青 | 黄色 | 緑 | むらさき | 白 |

これらのつみ木をならべて，真上から写真をとったところ，次の図のようになりました。

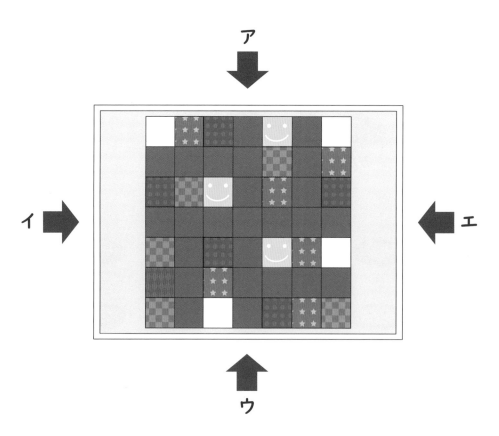

ならべたつみ木の写真を，**ア～エ**のどれかの向きからとりました。①，②はどの向きからとった写真ですか。記号に〇をつけましょう。

①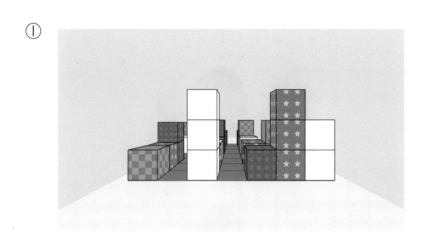

ア ・ イ ・ ウ ・ エ

②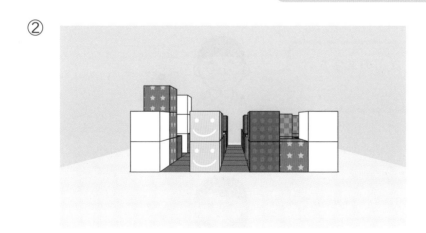

ア ・ イ ・ ウ ・ エ

 いちばん手前に見えているつみ木に注目しよう。

🌱 終わったら，さいごのページにシールをはろう。

こたえは【かいとう】の8ページ

16 住んでいる県を当てよう

論理的判断力 🌱🌱🌱　情報整理力 🌱🌱　注意力 🌱

　ねねさん，りきさん，ゆうさん，まなさんが，自分が住んでいる県について話しています。4人が住んでいる県はぜんぶちがいます。4人の話に合うように，住んでいる県をえらんで線でつなぎましょう。

県の名前は，ひらがな2文字で書けるよ。

ねねさん

・

・しが

海に面していない県だから，海に行くためにはほかの都道府県を通らないといけないんだ。

りきさん

・

・ちば

県の名前が，アだんの文字だけでできているよ。

ゆうさん

・

・なら

県の名前の中に，「゛」が入っているよ。

まなさん

・

・みえ

86～87ページにある地図を見ながら考えてみよう。
アだんの文字は，「あ，か，さ，た，な，は，ま，や，ら，わ」だよ。

🌱 終わったら，さいごのページにシールをはろう。　　こたえは【かいとう】の9ページ

17 ビンゴを見つけよう

注意力 ＹＹＹ　試行錯誤力 ＹＹ

　たかよしさん，まさひこさん，そうすけさんはビンゴ大会にさんかしています。子どもたちに紙が配られ，先生が数を読み上げます。

　配られた紙に書いてある数が読み上げられたら，数に〇をつけます。たてか，よこか，ななめのどれかの方向に4つならんだ数ぜんぶに〇がついたら，「ビンゴ！」とさけびます。「ビンゴ！」と言った人は，プレゼントをもらえます。

　今，3人がもっているカードは，次のようになっています。

たかよし

②	⑦	⑭	18
①	⑥	⑮	20
⑤	⑧	13	⑲
4	9	12	⑰

まさひこ

⑤	9	⑮	⑲
3	⑦	⑪	⑯
①	⑥	12	⑰
4	10	13	18

そうすけ

4	10	13	⑯
3	⑦	⑪	⑰
②	9	⑭	18
①	⑧	⑮	20

　続いて，先生がある数を読み上げました。すると，3人が同時に「ビンゴ！」と言いました。読み上げられた数をこたえましょう。

　たかよしさん，まさひこさん，そうすけさんはそれぞれ，何の数が読み上げられたら「ビンゴ！」と言えるのかな。

終わったら，さいごのページにシールをはろう。

こたえは【かいとう】の9ページ

18 食べ物の名前を考えよう

情報整理力 YY　連想力 YY　注意力 Y

　ゆりこさんは，いろいろな食べ物の名前について調べました。ゆりこさんのせつめいに合う食べ物をえらんで〇をつけましょう。

①

ゆりこさん

　今のイランという国のあたりに，昔，「ポーレン」とよばれていた場所があったそうです。このやさいは，もともとその場所で作られていたので，「ポーレンの草」という意味の名前がつけられました。

じゃがいも

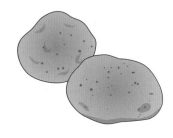

パセリ

ほうれんそう

パプリカ

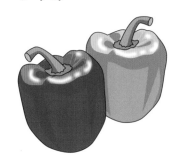

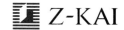

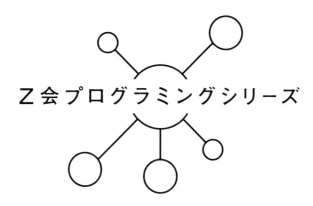

Z会プログラミングシリーズ

多彩な
ラインナップ

自宅でできて
安心・安全
通信教育

初心者に
やさしい

小学生・中学生向け

プログラミングの技術は日進月歩。
「いま役に立つ技術」はこの先、未来の社会でも
役に立つものかどうかわかりません。

だからこそ、Z会プログラミングシリーズでは、
プログラミングの技術そのものを学ぶだけではなく、
その経験をとおして、知識を活用することを重視します。

プログラミングをベースとした学びにより、
子どもたちが将来、どんな状況や環境にあっても、
柔軟に対応できる力を育てていきます。

充実の講座ラインナップは中面で ＞

講座ラインナップ

<table>
<tr><td>3カ月講座</td><td>1カ月あたりの受講料
1,980円
(税込)</td></tr>
</table>

Z会プログラミングはじめてみる講座

推奨学年 年長〜小3　※年長の方は、夏以降の受講をおすすめします。

プログラミングに **ふれる・慣れる**　プログラミングで **遊ぶ・楽しむ**

「プログラミングってどんなもの?」「ちょっと試してみたい」そんな声にお応えして開講した**3カ月間の短期講座**。多くの小学校で導入されている「Scratch(スクラッチ)」アプリを使い、初めてのお子さまでも気軽に始められる教材、おためし感覚で手軽に受講できる価格、そしてどんどん夢中になってプログラミングの楽しさを体感できるカリキュラムを実現しました。**パソコンまたはタブレットがあればすぐにスタート**できます。

※教材・画面の内容は変わる可能性があります。

お子さま一人でも、または保護者の方もご一緒に
プログラミングの楽しさを実感できる!

詳しくは

この講座でできること

- ☑ 「プログラミングってこういうものなんだ!」と体感できます。
- ☑ 抵抗感なく、プログラミングをごく自然に扱えるようになります。
- ☑ プログラミングできる楽しさを知り、自信と意欲につながります。

こんな方におすすめ

- ☑ 小1〜小3のお子さま
- ☑ プログラミング学習を始めるべきか迷っている
- ☑ お子さまが興味をもってくれるかわからない
- ☑ プログラミングは初めてなので心配
- ☑ あまり費用をかけずに手軽に始めたい

Z会プログラミング講座 みらい
with ソニー・グローバルエデュケーション

推奨学年 小1〜小4 ［スタンダード1］

今も将来にも役立つ
一生ものの力を養います

Z会とソニー・グローバルエデュケーションが協業。オリジナルテキストとロボット・プログラミング学習キット「KOOV®」で学び、小学生に必要なプログラミングの力をしっかりと身につけながら、プログラミングと学校で学んだ知識を使ってさまざまな課題解決に挑戦します。

※修了後、スタンダード2（小2〜小5推奨）、スタンダード3（小3〜小6推奨）のご用意もございます。

Z会プログラミング講座
with LEGO® Education

推奨学年 小2〜小5 ［SPIKE™ベーシック編］
推奨学年 小3〜小6 ［標準編］

工学的なモノづくりに
役立つ力を育みます

Z会の学習ノウハウとレゴ社のロボット教材を融合し、プログラミングスキルだけでなくモノを動かす仕組みも習得。レゴ®ブロックによる精緻なロボットの組み立てをとおして、工学につながる知識や感覚も養います。

［SPIKE™ベーシック編］

Z会プログラミング講座 with Scratch

推奨学年 小1〜小6 ※小学1・2年生のお子さまは、保護者の方といっしょに取り組むことをおすすめします。

自宅で気軽にゲームやアニメーションをプログラム！

「Scratch」というツールを使い、物語・ゲーム・アニメーションなどを画面上で自由につくり、創造性と課題発見・解決力を養います。

Z会プログラミング中学技術活用力講座

小学校高学年〜中3

情報・デジタル活用力を味方につけて、無限の可能性を手に入れる

中学校での学習、高校・大学入試、さらに実社会でも役立つ、情報活用やプログラミングの知識・スキルと活用力を身につける講座です。中学生はもちろん、小学校高学年でのご受講もおすすめです。

教科実践編

受講料：**4,114円**/月 (税込) ※一括払いの場合

3カ月講座

小学校高学年から中学生のお子さまが、学ばなければならないことを充実のテキストと、プログラミングアプリ「VIRTUAL KOOV® (バーチャルクーブ)」での実践を通じて、定着していく講座です。情報社会の必須知識とプログラミング実践をバランスよく学ぶことができます。

○**学習レベル** 　中学校の学習指導要領レベル＋α

○**学習内容の配分** 　知識習得　　実践

○**使用する機器** 　お手持ちのパソコンまたはタブレット
※「Z会専用タブレット」は動作保証の対象外です。

\ 2022年7月開講 /

コンピュータ活用編

受講料：**4,675円**/月 (税込) ※一括払いの場合

12カ月講座

自分専用のキーボード一体型コンピュータ「Raspberry Pi 400(ラズベリーパイ 400)」を使った幅広いソフトウェアの実践を通じて、コンピュータを活用するための知識・スキルをしっかり身につけます。12カ月のカリキュラムで、実社会で必ず役に立つプログラミングやコンピュータ活用スキル・データサイエンスを網羅的に学ぶことができます。

○**学習レベル** 　中学校の学習指導要領レベルから、
　　　　　　　　　高校の「情報」の基礎レベルまで

○**学習内容の配分** 　知識習得　　実践

○**使用する機器** 　キーボード一体型コンピュータ Raspberry Pi 400

・初回のみ、Raspberry Pi 400キットのご購入が必要です[17,600円(税込)]。
・「Raspberry Pi 400キット」は、すべて Raspberry Pi 財団の公式品となります(電源ケーブルは国内対応品のため異なります)。
・テレビやモニターなど、ディスプレイが別途必要となります(HDMI端子あり・スピーカー内蔵)。

\ まずはお気軽に /

資料をご請求ください — 無料 —

「国語や算数さえやっておけば」「まだ様子見でいいかな…」「毎日なにかと忙しくて…」と保護者の方が先延ばししてしまうことは、お子さまの可能性の芽をつんでしまうことになるかもしれません。Z会プログラミングシリーズは、自宅で、楽しく手軽に取り組める講座です。ぜひこの機会にご入会をご検討ください。

②

この食べ物の名前には，フランス語で「キャベツ」という意味の言葉が入っています。まわりの部分がキャベツににているからこの名前がつけられました。にているのは形だけで，本当はキャベツは使われていません。

ゆりこさん

ア

イ

ウ

エ

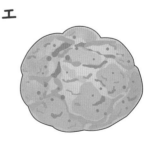

🌱 終わったら，さいごのページにシールをはろう。　こたえは【かいとう】の 10 ページ

19 おかしが入った箱を見つけよう

情報整理力 ❦❦❦　論理的判断力 ❦❦❦

1から7の番号が書かれた箱があります。この箱のうち3つだけに，おかしが入っています。《ヒント》をたよりに，おかしが入っている3つの箱をこたえましょう。

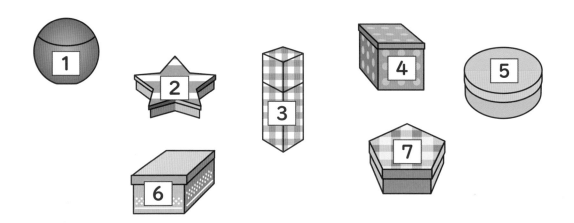

①

《ヒント1》 1，4，7の箱には，おかしは入っていない。

《ヒント2》 2，4，6の箱のうち，2つにおかしが入っている。

《ヒント3》 1，3，5，7の箱のうち，1つにおかしが入っている。

《ヒント4》 3，6の箱のうち，1つにおかしが入っている。

☐　と　☐　と　☐

②

《ヒント１》　２，６の箱のうち，１つにおかしが入っている。

《ヒント２》　１，４，７の箱のうち，１つにおかしが入っている。

《ヒント３》　１，５，６の箱には，おかしは入っていない。

《ヒント４》　２，３，４の箱のうち，２つにおかしが入っている。

と　　　　　　　と

③

《ヒント１》　１，３，７の箱のうち，１つにおかしが入っている。

《ヒント２》　１，５，６の箱のうち，１つにおかしが入っている。

《ヒント３》　２，３，６の箱のうち，１つにおかしが入っている。

《ヒント４》　２，４，７の箱のうち，１つにおかしが入っている。

と　　　　　　　と

おかしが入っているか入っていないかがわかった箱に，しるしをつけながら考えるといいよ。

1	2	3	4	5	6	7
×			×		×	

🌱 終わったら，さいごのページにシールをはろう。

こたえは【かいとう】の11ページ

20 麦茶ではないものを見つけよう

注意力 🌱🌱🌱　情報整理力 🌱🌱🌱　試行錯誤力 🌱

みずえさんはのどがかわいたので，麦茶を飲もうと思い，れいぞう庫を開けました。すると，にたようなびんが5本入っていて，となりにお母さんが書いたメモがありました。

> れいぞう庫にある5本のびんのうち，4本は麦茶で，のこりの1本はめんつゆです。
>
> どのびんにも，形がちがう3つのマークがついていますが，あるマークはめんつゆにしかついていません。
>
> めんつゆは，飲んではいけませんよ。

めんつゆにしかついていないマークを考えて，めんつゆの記号に〇をつけましょう。

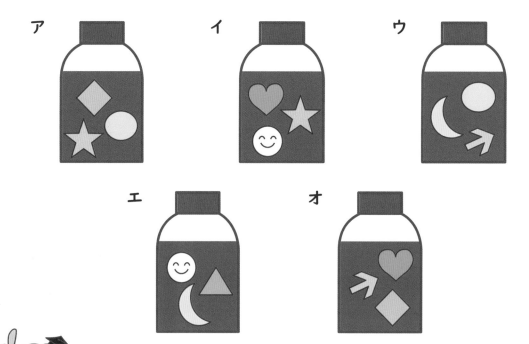

めんつゆにしかついていないマークは，1回しか出てこないはずだね。

21 じょうけんに合う数を見つけよう

情報整理力 ⋎⋎⋎ 注意力 ⋎⋎ 論理的判断力 ⋎

10 から 39 までの数のうち，《じょうけん》に合うものをぜんぶえらんで，数に〇をつけましょう。

①

《じょうけん》
- 一のくらいと十のくらいをたしたこたえは，3 か 6 か 9 のどれかです。
- 一のくらいにも十のくらいにも，2 と 4 と 6 は使われていません。
- 一のくらいと十のくらいはちがう数です。

10	11	12	13	14	15	16	17	18	19
20	21	22	23	24	25	26	27	28	29
30	31	32	33	34	35	36	37	38	39

②

《じょうけん》
- 一のくらいの数は，十のくらいの数より大きいです。
- 一のくらいの数と十のくらいの数の大きさのちがいは，1 か 2 です。
- 一のくらいは 4 ではありません。

10	11	12	13	14	15	16	17	18	19
20	21	22	23	24	25	26	27	28	29
30	31	32	33	34	35	36	37	38	39

 《じょうけん》に合わない数に×をつけながら考えよう。

⋎ 終わったら，さいごのページにシールをはろう。　こたえは【かいとう】の 12 ページ

22 インタビューをしよう

論理的判断力 🌱🌱🌱　情報整理力 🌱🌱　連想力 🌱

　まなえさんは，近所のパン屋さんにインタビューをして，学級新聞に記事を書くことにしました。インタビューの様子になるように □ にあてはまる言葉を，□ の中からえらんで記号でこたえましょう。

まなえ　：今日は，ベーカリー・ウエノの店長をしている上野さんにインタビューをします。上野さん，よろしくおねがいします。

上野さん　：よろしくおねがいします。

まなえ　：　あ

上野さん　：お店は朝早くから開けるので，早起きするのがたいへんです。いつも，午前3時に起きています。

まなえ　：　い

上野さん　：お客さまから，「おいしかった」と言ってもらえるときです。たとえば，今朝お店に来たお客さまが，「きのう買った新作のあんパンがとてもおいしくて，家族で取り合いになってしまったから，今日は取り合いにならないようにたくさん買いに来たよ」と言ってくれて，とてもうれしかったです。

まなえ　：　う

上野さん　：わたしはパンのほかに，ケーキを作るのも大すきなので，ケーキみたいな見た目のパンを作ってみたいと思っています。

まなえ　：いろいろ教えてくれて，ありがとうございました。

あ ☐　　い ☐　　う ☐

ア　パンはすきですか。

イ　これから作ってみたいパンはどんなパンですか。

ウ　パン屋さんの仕事で，うれしいのはどんなときですか。

エ　パン屋さんの仕事で，たいへんなのはどんなことですか。

オ　どうしてパン屋さんになろうと思ったのですか。

赤，青，黄，緑の 4 まいのカードがあり，それぞれのカードに数が 1 つずつ書かれています。

次のことがわかっているとき，それぞれのカードに書かれている数に〇をつけましょう。

- 書かれている数は 1 から 4 のどれかです。
- 4 まいのカードには，それぞれちがう数が書かれています。
- 赤のカードに書かれている数は，1 ではありません。
- 黄のカードに書かれている数は，3 ではありません。
- 緑のカードに書かれている数は，4 ではありません。
- 2 が書かれているカードの色は，赤でも緑でもありません。
- 4 が書かれているカードの色は，赤でも黄でもありません。

赤のカード　　　1 ・ 2 ・ 3 ・ 4

青のカード　　　1 ・ 2 ・ 3 ・ 4

黄のカード　　　1 ・ 2 ・ 3 ・ 4

緑のカード　　　1 ・ 2 ・ 3 ・ 4

ぼうしの色を当てよう

情報整理力 🌱🌱🌱　論理的判断力 🌱🌱🌱

あらたさん，かよこさん，さなえさん，たつきさん，なつみさん，はるとさんの6人の中に，赤いぼうし，白いぼうし，黒いぼうしをかぶっている人が1人ずついます。のこりの3人は，ぼうしをかぶっていません。

《わかっていること》を読んで，赤いぼうし，白いぼうし，黒いぼうしをかぶっている人に〇をつけましょう。

《わかっていること》

①あらたさん，かよこさん，さなえさん，たつきさんの4人の中に，ぼうしをかぶっている人が2人います。赤いぼうしをかぶっている人と，白いぼうしをかぶっている人です。

②さなえさん，たつきさん，なつみさん，はるとさんの4人の中に，ぼうしをかぶっている人が2人います。赤いぼうしをかぶっている人と，黒いぼうしをかぶっている人です。

③あらたさん，さなえさん，はるとさんの3人の中に，ぼうしをかぶっている人が1人います。その人は，白いぼうしをかぶっています。

赤いぼうし

> あらた ・ かよこ ・ さなえ ・ たつき ・ なつみ ・ はると

白いぼうし

> あらた ・ かよこ ・ さなえ ・ たつき ・ なつみ ・ はると

黒いぼうし

> あらた ・ かよこ ・ さなえ ・ たつき ・ なつみ ・ はると

🌱 終わったら，さいごのページにシールをはろう。　こたえは【かいとう】の14ページ

25 だれのけっかか考えよう

情報整理力 🌱🌱🌱　注意力 🌱　論理的判断力 🌱

　8人の子どもが，計算テストに3回ちょうせんしました。1回のテストには，問題が10問あります。それぞれのテストで何問正かいだったかをまとめたら，次のようになりました。

	あきお	かつき	さすけ	たいし	なりと	はやて	まさる	やひこ
1回目	7問	10問	9問	7問	10問	8問	8問	9問
2回目	9問	9問	8問	7問	7問	10問	8問	8問
3回目	9問	7問	9問	10問	8問	7問	10問	10問

　テストにちょうせんした人の中のだれかが，自分のけっかについて，次のように話しています。話しているのはだれですか。名前に○をつけましょう。

①ぼくがテストで正かいした問題の数は，3回ともぜんぶちがう数だったよ。

②3回のテストで，合わせて25問正かいしたんだ。

③2回目より3回目のほうが，たくさん正かいできたよ。

あきお ・ かつき ・ さすけ ・ たいし

なりと ・ はやて ・ まさる ・ やひこ

26 同じ道のめいろをさがそう

試行錯誤力 🌱🌱🌱　情報整理力 🌱　注意力 🌱

6つのめいろがあります。上の↓から下の↓まで通るとき，通る部屋も通るじゅんばんもまったく同じになるめいろが2つあります。同じになるめいろの記号に〇をつけましょう。ただし，1回通った部屋にもどることはできません。

ア
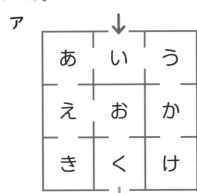

イ
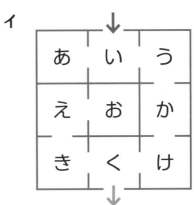

ウ
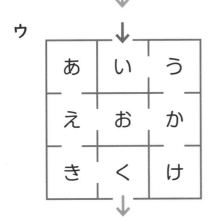

エ
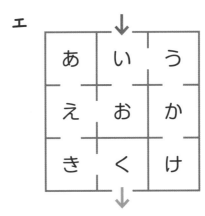

オ
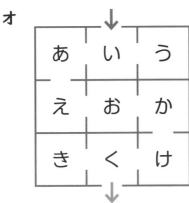

カ
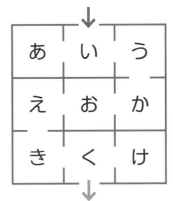

🌱 終わったら，さいごのページにシールをはろう。

こたえは【かいとう】の15ページ

45

27 正しい入れ方を見つけよう

注意力 ᕐᕐᕐ 情報整理力 ᕐᕐ

箱の中に, ● と ◗ をつめました。 ルール のとおりになっている箱を１つ見つけて, 記号に○をつけましょう。

ア

イ

ウ

エ

ルール

- おはぎとさくらもちの数が同じになるようにする。
- おはぎが, たてやよこに 3 こならばないようにする。
- さくらもちが, たてやよこに 3 こならぶところが, 1 か所だけあるようにする。

オ

カ

キ

ク

28 何月のできごとか当てよう

情報整理力 Y Y Y　注意力 Y Y　論理的判断力 Y

まさやさんは,旅行に行ったときのアルバムを見ています。アルバムには,その年の手帳もはさまっていました。まさやさんの話と右の手帳を手がかりに,旅行に行ったのが何月かこたえましょう。

まさやさん

旅行に行った月は,31日まであったよ。
旅行に行った月は,木曜日が5回あったよ。
旅行に行った月は,月曜日のしゅく日があったよ。
しゅく日は,手帳の日づけに○がついている日だよ。

月

48

1月
日	月	火	水	木	金	土
						①
2	3	4	5	6	7	8
9	⑩	11	12	13	14	15
16	17	18	19	20	21	22
23	24	25	26	27	28	29
30	31					

2月
日	月	火	水	木	金	土
		1	2	3	4	5
6	7	8	9	10	⑪	12
13	14	15	16	17	18	19
20	21	22	㉓	24	25	26
27	28					

3月
日	月	火	水	木	金	土
		1	2	3	4	5
6	7	8	9	10	11	12
13	14	15	16	17	18	19
20	㉑	22	23	24	25	26
27	28	29	30	31		

4月
日	月	火	水	木	金	土
					1	2
3	4	5	6	7	8	9
10	11	12	13	14	15	16
17	18	19	20	21	22	23
24	25	26	27	28	㉙	30

5月
日	月	火	水	木	金	土
1	2	③	④	⑤	6	7
8	9	10	11	12	13	14
15	16	17	18	19	20	21
22	23	24	25	26	27	28
29	30	31				

6月
日	月	火	水	木	金	土
			1	2	3	4
5	6	7	8	9	10	11
12	13	14	15	16	17	18
19	20	21	22	23	24	25
26	27	28	29	30		

7月
日	月	火	水	木	金	土
					1	2
3	4	5	6	7	8	9
10	11	12	13	14	15	16
17	⑱	19	20	21	22	23
24	25	26	27	28	29	30
31						

8月
日	月	火	水	木	金	土
	1	2	3	4	5	6
7	8	9	10	⑪	12	13
14	15	16	17	18	19	20
21	22	23	24	25	26	27
28	29	30	31			

9月
日	月	火	水	木	金	土
				1	2	3
4	5	6	7	8	9	10
11	12	13	14	15	16	17
18	⑲	20	21	22	㉓	24
25	26	27	28	29	30	

10月
日	月	火	水	木	金	土
						1
2	3	4	5	6	7	8
9	⑩	11	12	13	14	15
16	17	18	19	20	21	22
23	24	25	26	27	28	29
30	31					

11月
日	月	火	水	木	金	土
		1	2	③	4	5
6	7	8	9	10	11	12
13	14	15	16	17	18	19
20	21	22	㉓	24	25	26
27	28	29	30			

12月
日	月	火	水	木	金	土
				1	2	3
4	5	6	7	8	9	10
11	12	13	14	15	16	17
18	19	20	21	22	23	24
25	26	27	28	29	30	31

ブロックで数字を作ろう

注意力 ❥❥❥　試行錯誤力 ❥❥　推理力 ❥

真四角なブロックを使って，数字を作りました。

たとえば，「2」という数字は次のように，ブロックを 11 こ使って作れます。

「2」という数字に使われているブロックを 1 こ動かして，「3」を作れます。
また，2 こ動かせば，「5」を作れます。

《れい》

| | 1 こ動かす | | | 2 こ動かす | |

たとえば，このように動かせばよいね。

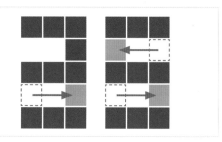

① 「6」に使われているブロックを１こ動かして作れる数字をえらんで，
〇をつけましょう。

② 「56」に使われているブロックを２こ動かして作れる数字をえらんで，
〇をつけましょう。

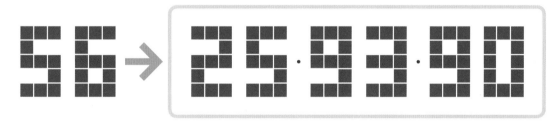

③ 「458」に使われているブロックを４こ動かして作れる数字をえらんで，
〇をつけましょう。

ブロックがあまったり，たりなくなったりする動かし方はできないよ。

終わったら，さいごのページにシールをはろう。

こたえは【かいとう】の17ページ

51

論理的判断力 ❦ ❦ ❦　情報整理力 ❦ ❦　注意力 ❦

けんたさんは，さぶろうさんにいろいろなことを教えてもらいました。さぶろうさんに教えてもらったことは，すべて正しいことです。《教えてもらったこと》をもとに，けんたさんが《考えたこと》を話しています。《考えたこと》が正しいかどうか考え，あてはまるほうに○をつけましょう。

① 《教えてもらったこと》

　・たろうは，じろうのお兄さんだ。

　・じろうは，さぶろうのお兄さんだ。

《考えたこと》

> たろうさんは，さぶろうさんのお兄さんだ。

けんたさん

正しい ・ 正しいかどうかわからない

② 《教えてもらったこと》

・たろう，じろう，さぶろうの3人は，今日，かけっこをした。

・たろうは，さぶろうに勝った。

・じろうは，さぶろうに勝った。

《考えたこと》

たろうさんは，じろうさんに勝った。

正しい ・ 正しいかどうかわからない

③ 《教えてもらったこと》

・たろうは，きのう，はなこに会った。

・たろうは，きのう，かずこにも会った。

《考えたこと》

はなこさんは，きのう，かずこさんに会った。

正しい ・ 正しいかどうかわからない

終わったら，さいごのページにシールをはろう。　こたえは【かいとう】の18ページ

31 おべんとうを作ろう

情報整理力 🌱🌱🌱　試行錯誤力 🌱🌱　論理的判断力 🌱🌱

とりくんだ日

月

日

ある店では，次の3しゅるいのおべんとうを売っています。

からあげべんとう
・からあげ3こ

コロッケべんとう
・コロッケ2こ

ミックスべんとう
・コロッケ1こ
・からあげ1こ

からあげ18こと，コロッケ8こを使って，おべんとうを作ります。

① からあげべんとうを1こ作ります。コロッケべんとうを1こ，2こ，3こ作るとき，ミックスべんとうはそれぞれいくつ作れますか。いちばん多い数を， ☐ に書きましょう。

からあげべんとう	コロッケべんとう	ミックスべんとう
1こ	1こ	ⓐ　　　　こ
1こ	2こ	ⓘ　　　　こ
1こ	3こ	ⓤ　　　　こ

② からあげべんとう，コロッケべんとう，ミックスべんとうの3しゅるいを，できるだけたくさん作ります。作らないおべんとうはありません。おべんとうはぜんぶで何こ作れますか。

☐ こ

②で，からあげべんとうを2こ，3こ，4こ，5こ作るとき，ほかの2しゅるいのおべんとうは何こ作れるかな。

終わったら，さいごのページにシールをはろう。　　こたえは【かいとう】の19ページ

32 世界のものを調べよう

情報整理力 ❀❀　　連想力 ❀❀　　注意力 ❀

かずのりさんは，世界にあるいろいろなものを調べました。かずのりさんのせつめいを聞いて，それぞれの言葉が表すものの絵をえらんで，記号に〇をつけましょう。

① バインセオ

　　バインセオは，ベトナムのりょう理です。日本でいうおこのみやきのような食べ物だそうです。バインは「こむぎこを使ったりょう理」という意味で，セオは生地を鉄板でやくときの音を表しています。

ア

イ

ウ

エ

② ジャンベ

ジャンベは，アフリカの楽器です。木の部分を足で
はさんで，手で皮をたたいて音を出します。たたく場
所やたたき方で，高い音やひくい音を出せます。

ア

イ
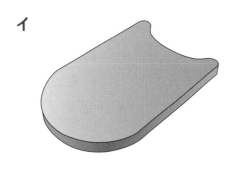

ウ

エ
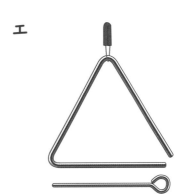

ボタンをおしてライトを消そう

情報整理力 ＹＹＹ 論理的判断力 ＹＹ 試行錯誤力 Ｙ

次のように，数が書かれた9このライトと，5このボタンがあります。

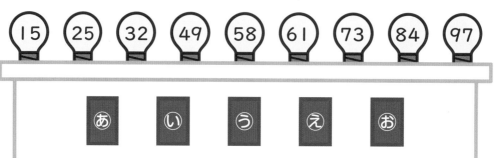

それぞれのボタンをおすと，次のようにライトが消えるしくみになっています。消えたライトは，もう1度つくことはありません。

ⓐ 一のくらいや十のくらいに，1か4か7が入っている数のライトが消える

ⓘ 一のくらいや十のくらいに，2か5か8が入っている数のライトが消える

ⓤ 一のくらいや十のくらいに，3か6か9が入っている数のライトが消える

ⓔ 50より小さい数のライトが消える

ⓞ 50より大きい数のライトが消える

《れい》

ⓘのボタンをおしたとき

→ 15，25，32，58，84 のライトが消えて，49，61，73，97 のライトがのこります。

① ⒤と⒠のボタンをおしたとき，のこるライトに〇をつけましょう。

15・25・32・49・58・61・73・84・97

② ⒜と⒪のボタンをおしたとき，のこるライトに〇をつけましょう。

15・25・32・49・58・61・73・84・97

③ ボタンを2こおしたところ，49のライトがのこって，ほかのライトが ぜんぶ消えました。おしたボタンに〇をつけましょう。

あ ・ ⒤ ・ ⒰ ・ ⒠ ・ ⒪

④ ボタンを2こおしたところ，58のライトがのこって，ほかのライトが ぜんぶ消えました。おしたボタンに〇をつけましょう。

あ ・ ⒤ ・ ⒰ ・ ⒠ ・ ⒪

①と②は，消えるライトに×をつけながら考えよう。
③と④は，おしていないボタンがどれかを考えてみよう。

終わったら，さいごのページにシールをはろう。

こたえは【かいとう】の20ページ

34 出したカードを当てよう

情報整理力 🌱🌱🌱 論理的判断力 🌱🌱 試行錯誤力 🌱

とりくんだ日

月

日

1から10までの数が1つずつ書かれた，10まいのカードがあります。このカードを，さとるさんとともえさんで5まいずつに分けて，次のルールでゲームをしました。

ルール

- 2人が同時に1まいずつカードを出す。
- カードに書かれた数が大きかった人が勝ち。
- 勝った人は，2まいのカードをたした数の点数をもらえる。負けた人は点数をもらえない。

《れい》

9

さとるさん

→ さとるさんの勝ち
さとるさんが，9 + 6 = 15（点）もらう

6

ともえさん

60

さとるさんとともえさんは、このゲームを5回しました。持っているカードは1回ずつしか出せないことにしました。ゲームのけっかについて、2人が話しています。

さとるさん

4回目はぼくの勝ちだったよ。5回目は負けてしまったんだ。

ともえさん

1回目から4回目までの点数の合計は、わたしのほうがさとるさんより小さかったよ。でも、5回目に10が書かれたカードを出して勝てたから、1回目から5回目までの点数の合計はわたしのほうが1点だけ大きくなったんだ。

　2人の話に合うように、2人が出したカードに書かれた数を□に書きましょう。

	1回目	2回目	3回目	4回目	5回目
さとるさん	9	4	7		
ともえさん	6	2	8		

あゆさん，えまさん，かえさん，さりさん，なつさん，ゆかさんの 6 人が，サイコロを 1 回ずつふりました。すると，6 人が出した目は次の表のように，ぜんぶちがう数になりました。

あゆさん	えまさん	かえさん	さりさん	なつさん	ゆかさん
1	3	5	2	4	6

このけっかを見ながら，6 人が話をしています。けっかに合うように，どの言葉をだれが話したか，□ に書きましょう。同じ名前は 1 回ずつしか書けません。

わたしが出した数は，1 か 3 か 5 のどれかだよ。	ⓐ　　　　さん
わたしが出した数は，2 か 4 か 6 のどれかだよ。	ⓘ　　　　さん
わたしが出した数は，えまさんが出した数より大きかったよ。	ⓤ　　　　さん
わたしが出した数は，えまさんが出した数より小さかったよ。	ⓔ　　　　さん
わたしが出した数と，さりさんが出した数をたし算したら，6 になったよ。	ⓞ　　　　さん
わたしが出した数と，あゆさんが出した数をたし算したら，6 になったよ。	ⓚ　　　　さん

🌱 終わったら，さいごのページにシールをはろう。

こたえは【かいとう】の 22 ページ

36 年れいを当てよう

情報整理力 🌱🌱🌱　論理的判断力 🌱🌱　注意力 🌱

今日は 10 月 31 日で，月曜日です。きのうはたけるさんのたん生日でした。たけるさんが同じクラスの友だち 4 人と話をしています。話に合うように，5 人の年れいを □ に書きましょう。

みずか：たけるさん，たん生日おめでとう。

たける：ありがとう。きのうは家族においわいしてもらったんだ。

ゆうた：ぼくたちは 2 年生だから，7 才の人と 8 才の人がいるんだね。

ゆみこ：たん生日がいちばん早いのは，5 月 12 日生まれのわたしだね。
けんとさんはいつがたん生日なの？

けんと：12 月 21 日だよ。ゆうたさんは 2 月 25 日がたん生日だよね。

ゆうた：そうだよ。たん生日はまだ先なんだ。

みずか：この 5 人の中だと，8 才の人より 7 才の人のほうが人数が多いんだね。

みずか [　　才　　] ，たける [　　才　　] ，ゆうた [　　才　　]

ゆみこ [　　才　　] ，けんと [　　才　　]

同じ学年の中で，たん生日が来るのがいちばん早いのは 4 月 2 日生まれの人，いちばんおそいのは 4 月 1 日生まれの人だよ。

🌱 終わったら，さいごのページにシールをはろう。

こたえは【かいとう】の 22 ページ

37 人数を当てよう

情報整理力 ❦❦❦ 注意力 ❦❦

まさきさんは 36 人の友だちに, 犬やねこをかっているかどうかたずねました。

《わかったこと》
- 犬をかっている人は 15 人いる。
- ねこをかっている人は 17 人いる。
- どちらもかっていない人は 10 人いる。

36 人のうち, 犬とねこの両方をかっている人が何人いるか, こたえましょう。

人

 次の表を使って考えてみよう。どの□が何を表しているのかな。

		ねこ		合計
		かっている	かっていない	
犬	かっている			15 人
	かっていない			
合計		17 人		36 人

❦終わったら, さいごのページにシールをはろう。　こたえは【かいとう】の 23 ページ

38 おいしい時期を考えよう

情報整理力 🌱🌱🌱　注意力 🌱🌱　論理的判断力 🌱

　食べ物には，とくにおいしく食べられる時期があります。ヤマネコりょう理店では，さしみに使う魚とパフェに使うくだものは，その時期にとくにおいしく食べられるものをえらんでいます。

　使う魚とくだものの，とくにおいしく食べられる時期は，次の通りです。

◆魚がおいしい時期

マグロ	1月，2月，11月，12月
ブリ	1月，2月，12月
タイ	2月，3月，4月
カツオ	5月，6月，9月，10月
サンマ	9月，10月

◆くだものがおいしい時期

いちご	3月，4月，5月
すいか	6月，7月，8月
もも	7月，8月，9月
ぶどう	8月，9月，10月

　さしみに使える魚が2しゅるいで，パフェに使えるくだものが1しゅるいなのは，何月ですか。

月

カードに書かれた数を当てよう②

39

情報整理力 🌱🌱🌱　論理的判断力 🌱🌱🌱　注意力 🌱

とりくんだ日

月

日

6 まいのカードがあります。表の面には, **ア, イ, ウ, エ, オ, カ** の 6 つのカタカナが 1 つずつ書かれています。うらの面には, 1 から 6 までの数字が 1 つずつ書かれていますが, どのカタカナのうらにどの数字が書かれているかはわかりません。

6 まいのカードをよくかきまぜて, よこ 1 列にならべることを, 3 回くり返したら, 右のようになりました。

どのカタカナのうらにどの数字が書かれているか, こたえましょう。

表	ア	イ	ウ	エ	オ	カ
うら						

《１回目》

| カ | 2 | 4 | エ | ア | 5 |

《２回目》

| 6 | ウ | ア | オ | 3 | 5 |

《３回目》

| カ | 5 | 2 | 6 | ウ | 1 |

同時に見えているカタカナと数字は，同じカードに書かれていないとわかるね。

終わったら，さいごのページにシールをはろう。

こたえは【かいとう】の 24 ページ

40 じょうけんを当てよう

情報整理力 🌱🌱🌱 推理力 🌱🌱 連想力 🌱

□の中の8こについて，じょうけんにあてはまらないものをじゅんばんに消していきました。

どんなじょうけんだったか考えて，□に書き入れましょう。

とんぼ	はね	だちょう	ペンキ
とんび	はと	だるま	ペンギン

⬇

| あ | | | ではないものを消す |

とんぼ	はね	だちょう	ペンキ
とんび	はと	だるま	ペンギン

⬇

| い | | | ではないものを消す |

とんぼ	はね	だちょう	ペンキ
とんび	はと	だるま	ペンギン

消えたものや，消えなかったものにあてはまるとくちょうを考えてみよう。

🌱終わったら，さいごのページにシールをはろう。

こたえは【かいとう】の25ページ

41 白組か赤組か当てよう

情報整理力 Y Y Y　論理的判断力 Y Y Y　試行錯誤力 Y Y

　かんたさん，まさとさん，たくみさん，せいやさん，なおきさんの5人を，白組と赤組に分けました。白組の人は本当のことだけを言い，赤組の人は本当ではないことだけを言うゲームをします。白組の人は3人，赤組の人は2人です。

　かんたさん，まさとさん，たくみさんの話を読んで，赤組の人に〇をつけましょう。

かんた　：まさとさんは赤組で，たくみさんは白組だよ。
まさと　：たくみさんは赤組で，せいやさんは白組だよ。
たくみ　：せいやさんは赤組で，なおきさんも赤組だよ。

> かんたさん ・ まさとさん ・ たくみさん
> せいやさん ・ なおきさん

かんたさんが白組のとき，かんたさんが赤組のときのそれぞれで，白組の人と赤組の人の人数はどうなるかな。

Y 終わったら，さいごのページにシールをはろう。　　こたえは【かいとう】の25ページ

やすおさん，ゆうじさん，よしきさん，わたるさんの 4 人が，計算のテストと漢字のテストにちょうせんしました。

計算のテストは 3 問，漢字のテストは 4 問あります。どちらも，ぜんぶ正かいすると 10 点ですが，問題ごとの点数はわかりません。

4 人のテストのけっかを，正かいだった問題を〇，まちがえた問題を×として，とく点をふくめてまとめると，次の表のようになりました。それぞれの問題の点数をこたえましょう。

《計算》

	1	2	3	とく点
やすお	×	×	〇	4 点
ゆうじ	〇	〇	×	6 点
よしき	×	〇	〇	7 点
わたる	〇	〇	〇	10 点

1 ☐ 点   2 ☐ 点   3 ☐ 点

《漢字》

	❶	❷	❸	❹	とく点
やすお	○	×	○	×	6点
ゆうじ	×	×	○	○	7点
よしき	×	○	○	○	8点
わたる	○	○	○	○	10点

❶ [   ] 点   ❷ [   ] 点

❸ [   ] 点   ❹ [   ] 点

漢字のテストでは，よしきさんは8点とれたので，2点分まちがえたんだね。

終わったら，さいごのページにシールをはろう。　　こたえは【かいとう】の26ページ

71

43 魚の漢字を当てよう

連想力 Y Y Y 　注意力 Y Y 　情報整理力 Y

　としあきさんは家族でおすしを食べに来ました。湯のみを見ながら，お父さんと話をしています。としあきさんとお父さんの話を読んで，右のページの漢字と読み方を正しく組み合わせて，線でつなぎましょう。

としあき ： この湯のみには，むずかしそうな字がたくさん書いてあるよ。字の左がわが「魚」という字のものが多いね。

お父さん ： いろいろな魚の名前が，漢字で書いてあるんだよ。たとえば，としあきがすきな「まぐろ」は，この字だよ。

としあき ： へえ，こういう字で書くんだね。こっちの字は，右がわが「弱い」という字ににているね。

お父さん ： 弱いという字の昔の書き方だよ。水からあげるとすぐに弱ってしまうから，「よわい」の昔の言い方の「よわし」から音がかわって，この名前になったというせつがあるんだ。

としあき ： この字は，右がわが「平たい」という字ににているよ。

お父さん ： 名前の音にも入っている通り，平べったい魚だよ。にている魚に「かれい」があるよ。

としあき ： この字の右がわは何だろう？

お父さん ： 「青」の古い書き方だよ。青っぽい魚だから，こう書くんだろうね。家に帰ったら，ほかにもいろいろな魚を表す漢字を教えてあげるよ。

としあき ： ありがとう，楽しみだな。

鮪

鰯

鮃

鯖

鰯 •

鮃 •

鯖 •

• まぐろ

• ひらめ

• さば

• いわし

• かれい

44 カードをひっくり返そう

論理的判断力 🌱🌱🌱　情報整理力 🌱🌱　試行錯誤力 🌱

とりくんだ日

月

日

１から６までの数が書かれたカードが１まいずつあります。この６まいのカードをつくえの上にすべて表向きにならべたあと，次の**ア〜エ**の めいれい にしたがってカードをひっくり返します。

> めいれい
>
> **ア** １と３と５のカードをひっくり返す。
>
> **イ** ４と５と６のカードをひっくり返す。
>
> **ウ** ２と３のカードをひっくり返す。
>
> **エ** ３と４と５と６のカードをひっくり返す。

表向きになっているカードをひっくり返すとうら向きになり，うら向きになっているカードをひっくり返すと表向きになります。

《れい》

アと**イ**の めいれい にしたがってカードをひっくり返すとき

どちらの めいれい を先にしても，さいごに表になるカードは同じだよ。ためしてみよう。

① すべて表向きにならべたところから，**ア**と**ウ**の めいれい にしたがって
カードをひっくり返すとき，表向きになるカードに○をつけましょう。

┌─────────────────────────────┐
│　　１・２・３・４・５・６　　│
└─────────────────────────────┘

② すべて表向きにならべたところから，２つの めいれい にしたがってカー
ドをひっくり返したら，１と３が表向き，２と４と５と６がうら向きに
なりました。 めいれい の１つは**ウ**でした。もう１つの めいれい をえらん
で○をつけましょう。

┌─────────────────────────────┐
│　　ア・イ・⓪ウ・エ　　│
└─────────────────────────────┘

③ すべて表向きにならべたところから，３つの めいれい にしたがってカー
ドをひっくり返したら，５だけが表向きになりました。３つの めいれい
をえらんで○をつけましょう。

┌─────────────────────────────┐
│　　ア・イ・ウ・エ　　│
└─────────────────────────────┘

45 何をせつめいしているか考えよう②

連想力 Y Y Y　情報整理力 Y Y

次のヒントは，あるものをせつめいしています。何をせつめいしているか考えて，こたえましょう。

① ・使うときに大きく広げます。

・ぬのでできたものや，ビニールでできたものがあります。

・天気によって使い分ける人もいます。

・おりたたみ式のものもあります。

② ・使いすてのものもあります。

・使うとき，手と口にふれます。

・長すぎても短すぎても使いにくいものです。

・2本セットで使います。

③ ・軽くてじょうぶな金ぞくでできています。

・タイヤを出したり入れたりできます。

・紙をおって，この乗り物のおもちゃを作ることができます。

・世界ではじめてとばすことにせいこうしたのはライト兄弟で，1903年のできごとです。

Y 終わったら，さいごのページにシールをはろう。　こたえは【かいとう】の28ページ

46 使った乗り物を当てよう

試行錯誤力 🌱🌱🌱　情報整理力 🌱🌱　注意力 🌱

さくら町からもみじ町まで行くには，とちゅうでたけだ町とはすみ町を通ります。それぞれの町から町に行くための，時間とねだんは，次のようになっています。

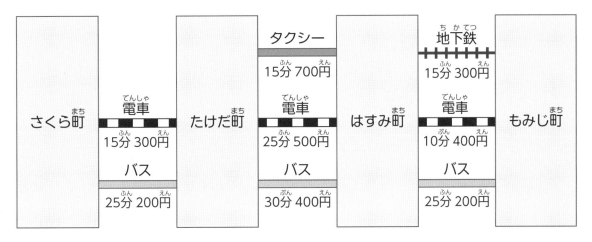

ひばりさんが，さくら町からもみじ町まで行ったところ，時間は 60 分，ねだんは 1000 円になりました。それぞれの町から町まで行くとき，ひばりさんが使った乗り物に○をつけましょう。

さくら町からたけだ町まで
> 電車 ・ バス

たけだ町からはすみ町まで
> タクシー ・ 電車 ・ バス

はすみ町からもみじ町まで
> 地下鉄 ・ 電車 ・ バス

47 「二重内りく国」をえらぼう

注意力 🌱🌱🌱　情報整理力 🌱🌱

とりくんだ日

月

日

世界の国について調べていたそうさんは,「二重内りく国」という言葉を見つけました。「二重内りく国」の意味を調べたところ,次のように書いてありました。

《二重内りく国とは》

二重内りく国とは,海に面していない国だけでかこまれた国のことです。だから,この国から海に出るためには,どうやってもほかの国を2つ通らないといけません。

次の国のうち,「二重内りく国」なのはどれですか。1つえらんで,記号に〇をつけましょう。

78

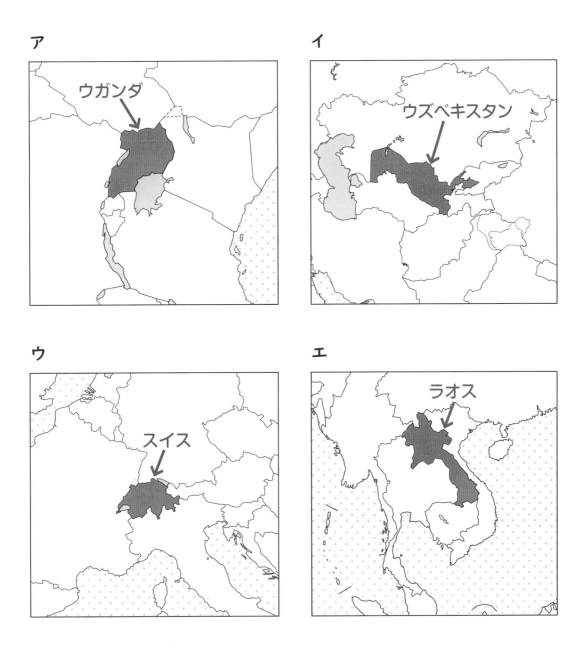

ア ウガンダ

イ ウズベキスタン

ウ スイス

エ ラオス

- ⬚は海，⬛は湖を表します。
- ア〜エのちぢめ方は同じではありません。また，上が北ではない地図もあります。

48 糸電話で話そう

情報整理力 🌱🌱🌱　論理的判断力 🌱🌱　注意力 🌱

紙コップを糸でつないで，次のような糸電話を作りました。

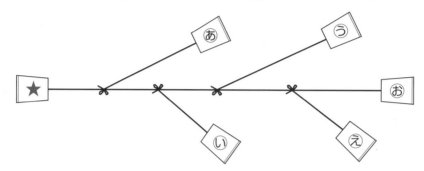

★の紙コップに向かって声を出すと，あ，い，う，え，おのぜんぶの紙コップから声が聞こえました。

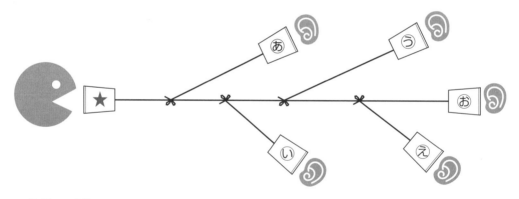

○の部分を指でつまみながら，★の紙コップに向かって声を出すと，あ，い，うの紙コップからは声が聞こえて，え，おの紙コップからは声が聞こえませんでした。

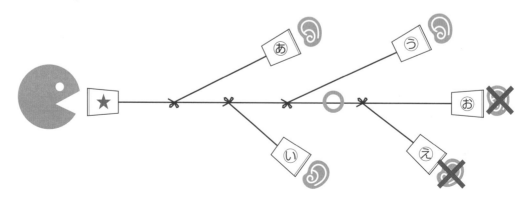

糸電話の1か所を指でつまみながら，★の紙コップに向かって声を出したところ，次のように声が聞こえました。つまんだ部分の◯を線でなぞりましょう。

① いの紙コップから声が聞こえた。うとおの紙コップから声が聞こえなかった。

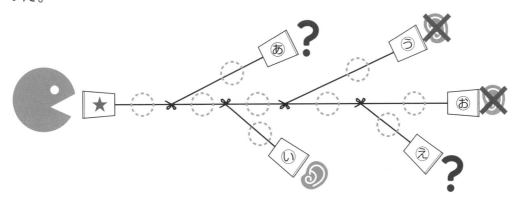

② あとおの紙コップから声が聞こえた。えの紙コップから声が聞こえなかった。

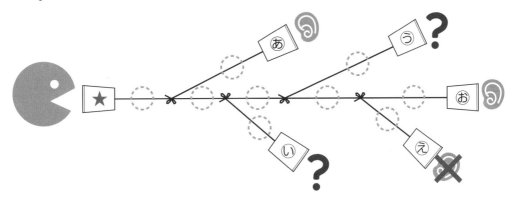

🌱終わったら，さいごのページにシールをはろう。　こたえは【かいとう】の29ページ

おはじき 12 こと, ビー玉 12 こを, あやかさん, なのかさん, まりかさん, ゆうかさんの 4 人で分けました。おはじきもビー玉も, もらった数が 0 この人はいませんでした。4 人の話に合うように, 4 人がおはじきとビー玉をそれぞれいくつずつもらったのかを ◻ に書きましょう。

あやかさん

わたしは合わせて 4 こもらったよ。
わたしがもらったおはじきの数は, ビー玉より少なかったよ。

なのかさん

わたしがもらったビー玉の数は, ゆうかさんのおはじきの数と同じで, あやかさんのビー玉の数より少なかったよ。

まりかさん

わたしは合わせて 5 こもらったよ。
わたしがもらったビー玉の数は, あやかさんがもらったおはじきの数と同じだったよ。

ゆうかさん

もらったおはじきの数は, 4 人ともちがう数だったね。
もらったビー玉の数も, 4 人ともちがう数だったね。

	おはじき	ビー玉 だま
あやかさん	こ	こ
なのかさん	こ	こ
まりかさん	こ	こ
ゆうかさん	こ	こ

50 ぜんぶとけたかな？

注意力 Y Y Y　情報整理力 Y　　試行錯誤力 Y

❶から㊾までの問題は，ぜんぶとけたかな。
さいごのページに，とけた問題のシールをはるよ。シールを
はりわすれた問題はないかな。

❶から㊾までのシールをはると，絵が出てきます。その絵を見ながら，
≪問題≫をときましょう。

≪問題≫
　右のページの□のうち，絵の中に出てきたものが入っている□に×をつ
けましょう。×がつかなかった□に入っている文字を，上のだんからじゅ
んばんに，左から右に読んで，　　　　に書きましょう。

×をつける□は，8こあるよ。

84

す 	よ 	め 	く 
が 	ま 	ん 	ば 
な 	そ 	わ 	っ 
た 	り 	ね 	み 

さいごまで，よくがんばりました！

← 終わったら，「はなまるシール」をはろう！

ふろく 日本の都道府県

日本には，47 の都道府県があるよ。都道府県の名前を使う問題では，このページを見ながら考えてみよう。

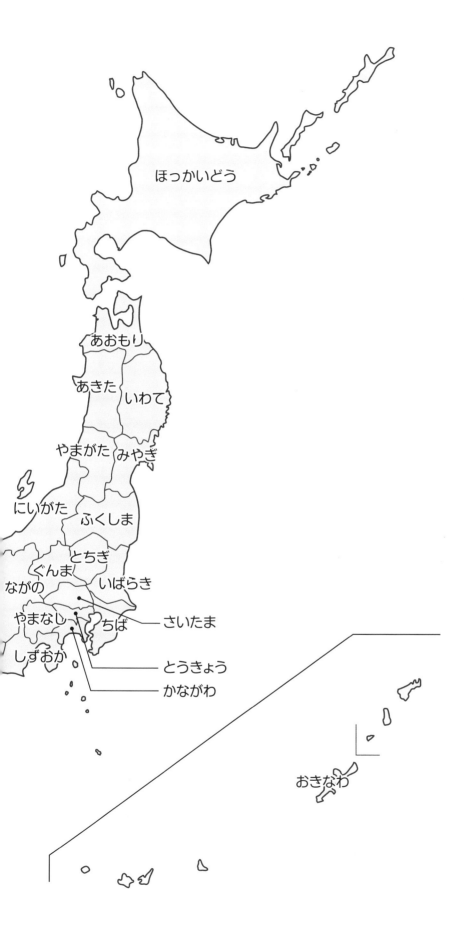

ほっかいどう

あおもり

あきた

いわて

やまがた

みやぎ

にいがた

ふくしま

とちぎ

ぐんま

いばらき

ながの

やまなし

ちば

さいたま

しずおか

とうきょう

かながわ

おきなわ

Ｚ会　小学生のための思考力ひろがるワーク
基礎編　しぼりこみ

初版第 1 刷発行　　2021 年 7 月 10 日
初版第 3 刷発行　　2022 年 7 月 1 日

編者　　Ｚ会編集部
発行人　藤井孝昭
発行所　Ｚ会
　　　　〒 411-0033　静岡県三島市文教町 1-9-11
　　　　【販売部門：書籍の乱丁・落丁・返品・交換・注文】
　　　　TEL　055-976-9095
　　　　【書籍の内容に関するお問い合わせ】
　　　　https://www.zkai.co.jp/books/contact/
　　　　【ホームページ】
　　　　https://www.zkai.co.jp/books/
装丁　　山口秀昭（Studio Flavor）
印刷所　シナノ書籍印刷株式会社

ISBN　978-4-86290-340-2

思考力ひろがるシール 🌱 《基礎編 しぼりこみ》

|回分が終わったら，さいしょのページにあるシールを|まいずつはろう。

❶から㊾までのシールをはったら，84～85ページを見てね。

※シールは，とる前と同じ向きにはろう。

1	2	3	4	5	6	7
8	9	10	11	12	13	14
15	16	17	18	19	20	21
22	23	24	25	26	27	28
29	30	31	32	33	34	35
36	37	38	39	40	41	42
43	44	45	46	47	48	49

Z会

小学生のための

思考力
ひろがる
ワーク

基礎編 しぼりこみ

かいとう

Z-KAI

こたえ

ウ

せつめい

　たくまさんは「きかん車のおもちゃが入っている」と言っているので，**イ**と**エ**はたくまさんのおもちゃ箱ではありません。

　たくまさんは「水でっぽうも入っている」と言っているので，**オ**と**カ**もたくまさんのおもちゃ箱ではありません。

　たくまさんは「うさぎのぬいぐるみは入っていない」と言っているので，**ア**もたくまさんのおもちゃ箱ではありません。

　ウはきかん車，水でっぽう，かめのぬいぐるみが入っていて，うさぎのぬいぐるみが入っていないので，**ウ**がたくまさんのおもちゃ箱です。

2 くり返しの言葉を当てよう　　　　　　　　12 ページ

こたえ

①　さらさら　　②　ぱちぱち　　③　ごろごろ

こたえ

1番目

せつめい

そうやさんは，5人のちょうど真ん中なので，3番目です。

おさむさんよりひろしさん，ひろしさんよりのりおさんのほうが後ろにならんでいて，おさむさんはいちばん前ではないので，おさむさんが2番目，ひろしさんが4番目，のりおさんが5番目です。

だから，けんいちさんは1番目です。

《ワンポイント》

そうやさん，のりおさん，おさむさん，ひろしさんはいずれも，1番目でない旨を話しているので，1番目になり得るのはけんいちさんしかいない，と考えることもできます。

④ 地図に色をぬろう　　　　　14〜15ページ

こたえ

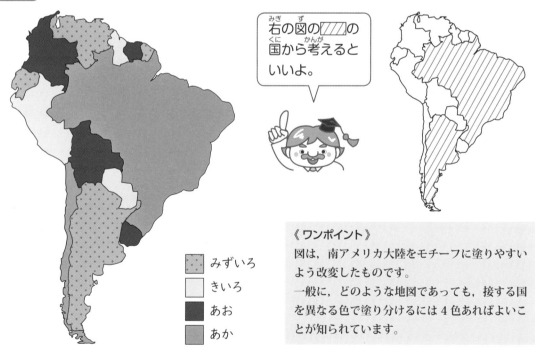

右の図の ▨ の国から考えるといいよ。

▨ みずいろ
☐ きいろ
■ あお
▨ あか

《ワンポイント》

図は，南アメリカ大陸をモチーフに塗りやすいよう改変したものです。

一般に，どのような地図であっても，接する国を異なる色で塗り分けるには4色あればよいことが知られています。

⑤ とくちょうを考えよう　　　　　　　　　16ページ

こたえ

① きつつき，トマト

② トマト，しめじ

③ かさ，きつつき，キリン

かさの全体をささえている
部分を「ほね」というよ。

《ワンポイント》
どの順番で書いてもかまいません。

⑥ かばんを持っている人を当てよう　　　17ページ

こたえ

あきなさん，ゆきなさん，お母さん

せつめい

　お母さんとはるなさんは本当ではないことを言っているから，お母さんはかばんを持っていて，はるなさんはかばんを持っていません。

　あきなさんは正しいことを言っていて，お母さんはかばんを持っているから，お父さんはかばんを持っていません。

　ゆきなさんは正しいことを言っていて，はるなさんはかばんを持っていないから，あきなさんはかばんを持っています。

　ここまでに，かばんを持っている人が2人，かばんを持っていない人が2人わかりました。お父さんは正しいことを言っているから，かばんを持っている人は3人です。だから，まだかばんを持っているかどうかわからないゆきなさんは，かばんを持っています。

⑦ しつもんを使って分けよう　　　18～19ページ

あ　うでどけい　　い　くつした　　う　ほうちょう

え　つめきり　　お　はし　　か　えんぴつ

時計には，時間を表すための
長いはりや短いはりがあるね。

こたえ

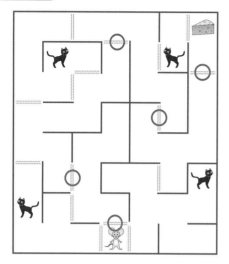

せつめい

　ねこが通（とお）れるところに色（いろ）をつけると，下（した）の図（ず）の左（ひだり）のようになります。ねこが通（とお）れる部分（ぶぶん）をふやさないようにしながら，ねずみがチーズのところまで行（い）けるように，かべをこわします。

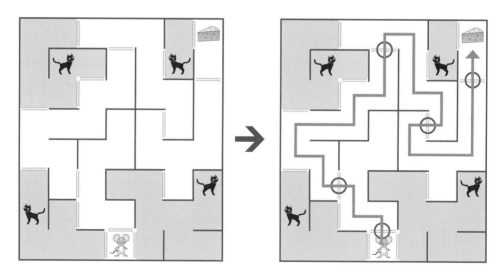

4

こたえ

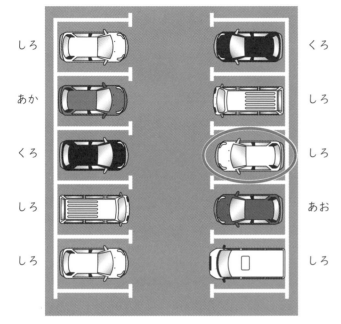

せつめい

1, 2, 3にあてはまらないものに×をつけていくと，次<ruby>次<rt>つぎ</rt></ruby>のようになります。

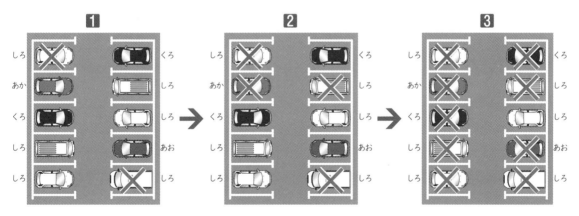

⑩ 予定を決めよう　　　　　　　　　　　　　　　**23 ページ**

こたえ

2月13日

せつめい

　2月2日から2月21日のうち，都合が悪い日にしるしをつけると，次のように
なります。

ふゆみさん　　　　　　　　　きよしさん　　　　　　　　あやこさん

　したがって，3人の都合が合うのは，2月13日です。

⑪ にせもののセットを見つけよう　　　　　　　**24 〜 25 ページ**

こたえ

エ

せつめい

　使われているパンを数えると，メロンパン，クロワッサン，レーズンロールは，3
つずつあります。だから，にせもののお楽しみセットには，この3しゅるいのパン
が使われていることがわかります。

⑫ だれの話か考えよう①　　　　　　　　　　　**26 ページ**

こたえ

あ　つばささん　　い　はじめさん　　う　みなとさん　　え　いさおさん

せつめい

　みなとさんに負けたのはいさおさんだけなので，えはいさおさんです。
　つばささんに負けたのは，みなとさんといさおさんです。いさおさんはえに入って
いるので，うはみなとさんです。
　はじめさんは1番だったので，あはつばささんです。

こたえ

① 　たこ　　② 　さいころ　　③

せつめい

① 　海にいる，あしが 8 本の生き物で，「たこ」という名前の生き物がいます。また，空にうかべて遊ぶものにも「たこ」があります。

② 　かたつむり，さいころ，たたみ，台風は，目があります。このうち，生き物ではなくて，転がして使うものは，さいころです。

③ 　それぞれにあてはまるなら○，あてはまらないなら×をつけると，次のようになります。

	1	五円	10	50	100	500
あなはあいていない	○	×	○	×	○	○
数字の「0」が書かれている	×	×	○	○	○	○
10 まいで，べつのこうかと同じねだんになる	○	○	○	○	×	×

　　　ぜんぶ○になるのは，10 円玉だけです。

《ワンポイント》
②さいころには，1 から 6 までの目があります。
　「畳の目」は，畳の編み目の部分のことです。
　「台風の目」は，台風の中心部にできる雲のない部分のことです。
③ 1 円玉，5 円玉は製造年も漢数字で表示されているので，たとえば「平成 10 年」は「平成十年」と書かれます。そのため，数字の「0」が書かれることはありません。

こたえ

①

②

③

15 どの向きから見たか当てよう　　　　　　　30 〜 31 ページ

こたえ

① エ　　② ア

せつめい

① いちばん右に白，いちばん左に青のつみ木が見える向きをさがして，ほかのつみ木のならび方が写真と同じになっているかたしかめます。

② いちばん右もいちばん左も白のつみ木が見える向きをさがして，ほかのつみ木のならび方が写真と同じになっているかたしかめます。

⑯ 住んでいる県を当てよう

32 ページ

こたえ

ねねさん ── みえ　　りきさん ── しが　　ゆうさん ── なら　　まなさん ── ちば

せつめい

　ゆうさんが住んでいる県は，アだんの文字だけでできている名前の県なので，なら
です。

　りきさんが住んでいる県は，海に面していない県なので，「しが」と「なら」のど
ちらかです。だから，りきさんが住んでいる県は，しがです。

　まなさんが住んでいる県は，名前の中に「゛」が入っている県なので，「しが」と「ち
ば」のどちらかです。だから，まなさんが住んでいる県は，ちばです。

　のこったのは，「みえ」で，これはひらがな2文字で書けます。だから，ねねさん
が住んでいる県は，みえです。

⑰ ビンゴを見つけよう

33 ページ

こたえ

9

せつめい

　それぞれ，次の色をぬった数が読み上げられたら，「ビンゴ！」と言えます。

②	⑦	⑭	18
①	⑥	⑮	20
⑤	⑧	13	⑲
4	9	12	⑰

⑤	9	⑮	⑲
3	⑦	⑪	⑯
①	⑥	12	⑰
4	10	13	18

4	10	13	⑯
3	⑦	⑪	⑰
②	9	⑭	18
①	⑧	⑮	20

[こたえ]

① 　ほうれんそう　　② 　**エ**

[せつめい]

① 　「ポーレン」ににた音で，「草，葉っぱ」であるものをさがします。

② 　**ア**はキャベツが使われているのであてはまりません。また，「まわりの部分がキャベツににている」と書いてあるので，「まわり」と「中身」に分けられるものをさがします。

> 《ワンポイント》
> シュークリームの「シュー（chou）」は，フランス語で「キャベツ」という意味です。膨らんだ形がキャベツに似ているので，「クリームが入ったキャベツ」と呼ばれるようになったと言われています。
> **ア**はロールキャベツ，**イ**はタピオカドリンク，**ウ**はハンバーグです。

こたえ

① 2, 5, 6　　② 2, 3, 7　　③ 3, 4, 5

《ワンポイント》
どの順番に書いてもかまいません。

せつめい

① 《ヒント１》と《ヒント２》から，２と６の箱におかしが入っていることがわかります。すると，《ヒント４》より，３の箱にはおかしが入っていないことがわかります。だから，《ヒント３》より，５の箱におかしが入っているとわかります。

② 《ヒント１》と《ヒント２》から，おかしは，２か６の箱に１つ，１か４か７の箱に１つ入っているので，のこりの１つは３か５の箱に入っています。すると，《ヒント３》より，２と３の箱におかしが入っているとわかります。《ヒント４》より，４の箱にはおかしが入っていないとわかるので，《ヒント２》より，７の箱におかしが入っているとわかります。

③ 《ヒント２》と《ヒント４》から，１か５か６の箱に１つ，２か４か７の箱に１つのおかしが入っています。だから，３の箱にはおかしが入っています。すると，《ヒント１》と《ヒント３》から，１と７，２と６の箱にはおかしが入っていないとわかります。だから，５と４の箱におかしが入っています。

⓴ 麦茶ではないものを見つけよう　　　　　　　　　　**38 ページ**

こたえ

エ

せつめい

　めんつゆのびんは1本しかないので，めんつゆだけについているマークが2本の
びんについていることはありません。だから，1回だけ出てくるマークをさがします。
▲は1回しか出てこないので，エがめんつゆとわかります。

㉑ じょうけんに合う数を見つけよう　　　　　　　　**39 ページ**

こたえ

①　15，18，30　　②　12，13，23，35

せつめい

①　一のくらいの数と十のくらいの数をたしたこたえを考えると，

　　　　たしたこたえが3　　12，21，30

　　　　たしたこたえが6　　15，24，33

　　　　たしたこたえが9　　18，27，36

です。この中で，2も4も6も使われていなくて，一のくらいと十のくらいがち
がう数なのは，30，15，18です。

②　一のくらいの数が十のくらいの数より大きくて，一のくらいの数と十のくらいの
数の大きさのちがいが1か2だから，一のくらいの数から十のくらいの数をひい
たこたえを考えると，

　　　　ひいたこたえが1　　12，23，34

　　　　ひいたこたえが2　　13，24，35

です。この中で，一のくらいが4ではないのは，12，23，13，35です。

こたえ

あ エ　　い ウ　　う イ

せつめい

　上野さんの言葉にヒントがないかさがします。あのしつもんへのこたえでは「たいへんです」，いのしつもんへのこたえでは「うれしかったです」，うのしつもんへのこたえでは「作ってみたいと思っています」と言っているので，この言葉をヒントにしつもんが何だったかを考えます。

㉓ カードに書かれた数を当てよう①　　　　　　42ページ

こたえ

赤のカード　3　　青のカード　4　　黄のカード　2　　緑のカード　1

せつめい

　書かれていることをまとめると，右のようになります。

　4が書かれているカードの色は，赤でも黄でも緑でもないので，青だとわかります。

　また，赤のカードに書かれている数は1でも2でも4でもないので，3だとわかります。すると，緑のカードに書かれている数は3ではないから，1だとわかります。さらに，黄のカードに書かれている数は1ではないから，2だとわかります。

赤のカード　⨉・⨉・3・⨉

青のカード　1・2・3・4

黄のカード　1・2・⨉・⨉

緑のカード　1・⨉・3・⨉

13

㉔ ぼうしの色を当てよう

こたえ

赤いぼうし…たつき　　白いぼうし…あらた　　黒いぼうし…なつみ

せつめい

①と②から,
　赤いぼうし　さなえさん, たつきさんのどちらか
　白いぼうし　あらたさん, かよこさんのどちらか
　黒いぼうし　なつみさん, はるとさんのどちらか
とわかります。

　③から, あらたさんは白いぼうしをかぶっていて, さなえさんとはるとさんはぼうしをかぶっていないとわかります。

　だから, たつきさんが赤いぼうし, なつみさんが黒いぼうしをかぶっています。

㉕ だれのけっかか考えよう

44 ページ

こたえ

なりと

せつめい

　①に合うのは, かつきさん, なりとさん, はやてさん, やひこさんです。
　この 4 人のうち, ③に合うのは, なりとさん, やひこさんです。
　なりとさんは, 10 + 7 + 8 = 25（問）, やひこさんは, 9 + 8 + 10 = 27（問）正かいしたので, 話しているのはなりとさんです。

こたえ

ウと**カ**

せつめい

それぞれ，次のように通りぬけることができます。

ア　い→あ→え→お→く　　　　　イ　い→う→か→け→く

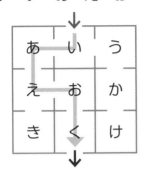 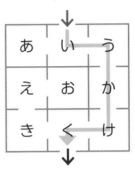

ウ　い→う→か→お→え→き→く　エ　い→お→え→き→く

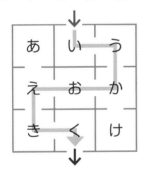 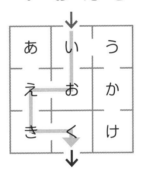

オ　い→あ→え→お→か→け→く　カ　い→う→か→お→え→き→く

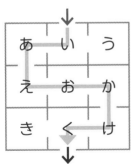 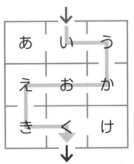

こたえ

キ

せつめい

エとカは，おはぎとさくらもちの数がちがいます。

エ 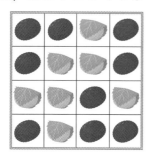　　　カ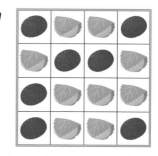

　　おはぎ9こ，さくらもち7こ　　　おはぎ7こ，さくらもち9こ

アとウとクは，おはぎが，たてやよこに3こならんでいるところがあります。

ア 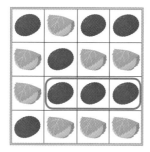　ウ 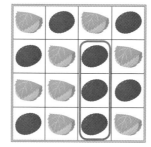　ク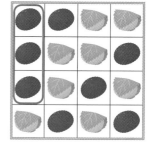

イは，さくらもちが，たてやよこに3こならぶところがありません。

イ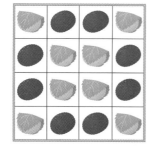

オは，さくらもちが，たてやよこに3こならぶところが2か所あります。

オ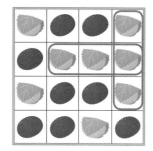

28 何月のできごとか当てよう

48 〜 49 ページ

こたえ

3月

せつめい

31日まであるのは，1月，3月，5月，7月，8月，10月，12月です。そのうち，木曜日が5回あるのは，3月と12月です。12月は月曜日のしゅく日がないので，旅行に行ったのは3月です。

29 ブロックで数字を作ろう

50 〜 51 ページ

こたえ

① 　② 　③

せつめい

たとえば，次のように動かすことができます。

① 　② 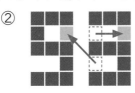　③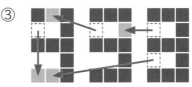

《ワンポイント》

使われているブロックの個数に注目すると，候補を絞ることができます。

たとえば③では，

「458」 9 + 11 + 13 = 33（個）

に対して

「250」 11 + 11 + 12 = 34（個）

「284」 11 + 13 + 9 = 33（個）

「333」 11 + 11 + 11 = 33（個）

となっているため，250は候補から外れます。

17

30 教えてもらったことから考えよう　52 ～ 53 ページ

こたえ

① 正しい　② 正しいかどうかわからない　③ 正しいかどうかわからない

せつめい

② はやいほうからじゅんばんに，「たろう→じろう→さぶろう」か，「じろう→たろう→さぶろう」かわからないので，正しいかどうかわかりません。

③ たろうさんとはなこさんとかずこさんが，同時に会ったとは書いていないので，はなこさんとかずこさんは会ったかどうかわかりません。

たろうさん，はなこさん，かずこさんが同じときに会ったかもしれないし，たろうさんとはなこさんが朝，たろうさんとかずこさんが昼，はなこさんとかずこさんが夜に会ったかもしれないし，はなこさんとかずこさんは会っていないかもしれないね。いろいろな場合が考えられて，ぜったいに正しいとも，ぜったいにまちがいともいえないよ。

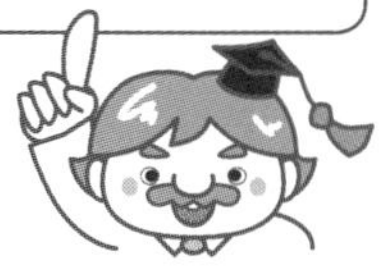

こたえ

① ㋐ 6 こ　　㋑　4 こ　　㋒ 2 こ

② 11 こ

せつめい

①　からあげべんとうを1こ, コロッケべんとうを1こ作ると, のこりのからあげは, 18 － 3 ＝ 15 （こ）, コロッケは, 8 － 2 ＝ 6 （こ）です。だから, ミックスべんとうは6こ作れます。（からあげは, 15 － 6 ＝ 9 （こ）あまります。）

　　からあげべんとうを1こ, コロッケべんとうを2こ作ると, のこりのからあげは15こ, コロッケは, 6 － 2 ＝ 4 （こ）です。ミックスべんとうは4こ作れます。

　　からあげべんとうを1こ, コロッケべんとうを3こ作ると, のこりのからあげは15こ, コロッケは, 4 － 2 ＝ 2 （こ）です。ミックスべんとうは2こ作れます。

②　からあげべんとうを2こ, 3こ, 4こ, 5こ作るときについても, ①と同じように調べると, 次の表のようになります。

からあげべんとう	コロッケべんとう	ミックスべんとう	合計
1 こ	1 こ	6 こ	8 こ
1 こ	2 こ	4 こ	7 こ
1 こ	3 こ	2 こ	6 こ
2 こ	1 こ	6 こ	9 こ
2 こ	2 こ	4 こ	8 こ
2 こ	3 こ	2 こ	7 こ
3 こ	1 こ	6 こ	10 こ
3 こ	2 こ	4 こ	9 こ
3 こ	3 こ	2 こ	8 こ
4 こ	1 こ	6 こ	11 こ
4 こ	2 こ	4 こ	10 こ
4 こ	3 こ	2 こ	9 こ
5 こ	1 こ	3 こ	9 こ
5 こ	2 こ	3 こ	10 こ
5 こ	3 こ	2 こ	10 こ

こたえ

① ウ　　② ア

せつめい

① こむぎこをやいたりょう理をさがします。
② 木の部分と皮の部分がある楽器をさがします。

《 ワンポイント 》
① アはフォー（ベトナムの麺料理），エはパクチーです。いずれもベトナムで食べられる食べ物ですが，「小麦粉を焼いた」「日本でいうお好み焼き」という条件に合いません。イは鉄板で，料理ではなく調理に使う道具です。
② ウはトロンボーン，エはトライアングルです。いずれも楽器ですが，木製の部分と皮の部分がないため不適です。イはビート板で，水泳で使う道具です。

こたえ

① 61, 73, 97　　② 25, 32　　③ い, お　　④ あ, え

せつめい

③ あとうとえのボタンはおしていないことがわかるので，いとおのボタンをおして49 だけがのこるかたしかめます。
④ いとおのボタンはおしていないことがわかります。
　84 が消えているので，あのボタンはおしたとわかります。あのボタンをおしたときにのこるのは，25，32，58 のライトです。25 と 32 を同時に消すことができるボタンは，えです。

こたえ

	1回目	2回目	3回目	4回目	5回目
さとるさん	9	4	7	**5**	**3**
ともえさん	6	2	8	**1**	**10**

せつめい

1回目はさとるさんが 15 点もらいました。

2回目はさとるさんが, 4 ＋ 2 ＝ 6 (点) もらいました。

3回目はともえさんが, 7 ＋ 8 ＝ 15 (点) もらいました。

まだ出していないカードは, 1, 3, 5, 10 が書かれたカードです。4回目はさとるさんの勝ちで, 5回目はともえさんが 10 が書かれたカードを出したので, カードの出し方は次の 3 つのうちのどれかです。

	1回目	2回目	3回目	4回目	5回目	点数の合計
さとるさん	9	4	7	5	1	29 点
ともえさん	6	2	8	3	10	26 点

	1回目	2回目	3回目	4回目	5回目	点数の合計
さとるさん	9	4	7	5	3	27 点
ともえさん	6	2	8	1	10	28 点

	1回目	2回目	3回目	4回目	5回目	点数の合計
さとるさん	9	4	7	3	5	25 点
ともえさん	6	2	8	1	10	30 点

《 ワンポイント 》

1 から 10 までの和は 55 であることから考えることもできます。

55 ÷ 2 ＝ 27 あまり 1　より, 1点差で勝つにはともえさんは合計 28 点である必要があります。ここから, 5回目に, 28 － 15 ＝ 13 (点) とったとわかります。

こたえ

ⓐ　えまさん　　ⓘ　さりさん　　ⓤ　ゆかさん

ⓔ　あゆさん　　ⓞ　なつさん　　ⓚ　かえさん

せつめい

　ⓞについて考えます。さりさんが出した数は 2 です。6 − 2 ＝ 4 だから，ⓞは 4 を出したなつさんが入ります。

　ⓚについて考えます。あゆさんが出した数は 1 です。6 − 1 ＝ 5 だから，ⓚは 5 を出したかえさんが入ります。

　ⓤについて考えます。えまさんが出した数は 3 です。3 より大きい数を出したのは，なつさん，かえさん，ゆかさんです。だから，ⓤはゆかさんです。

　ⓘについて考えます。2 か 4 か 6 を出したのは，さりさん，なつさん，ゆかさんです。だから，ⓘはさりさんです。

　ⓔについて考えます。えまさんが出した 3 より小さい数を出したのは，あゆさん，さりさんです。だから，ⓔはあゆさんです。

　のこったⓐに，3 を出したえまさんが入ります。

こたえ

みずか　7 才，たける　8 才，ゆうた　7 才
ゆみこ　8 才，けんと　7 才

せつめい

　この 5 人は，たん生日がまだの人は 7 才で，たん生日をむかえた人は 8 才です。

　たけるさんは，きのうがたん生日だったので，8 才です。

　ゆみこさんのたん生日は 5 月 12 日で，10 月 31 日よりも早いので，ゆみこさんは 8 才です。

　けんとさんのたん生日は 12 月 21 日，ゆうたさんのたん生日は 2 月 25 日なので，どちらも 10 月 31 日よりもおそいから，けんとさんとゆうたさんは 7 才です。

　この 5 人の中だと，8 才の人より 7 才の人のほうが人数が多いので，みずかさんは 7 才です。

こたえ

6 人

せつめい

　犬をかっている人は 15 人なので，犬をかっていない人は，36 − 15 = 21（人）です。犬もねこもかっていない人は 10 人なので，犬をかっていなくてねこをかっている人は，21 − 10 = 11（人）です。ねこをかっている人は 17 人なので，犬もねこもかっている人は，17 − 11 = 6（人）です。

表にまとめながら考えると，わかりやすいね。

		ねこ		合計
		かっている	かっていない	
犬	かっている	6 人	9 人	15 人
	かっていない	11 人	10 人	21 人
	合計	17 人	19 人	36 人

《ワンポイント》

次のような図を使って考えることもできます（このような図を「ベン図」といいます）。

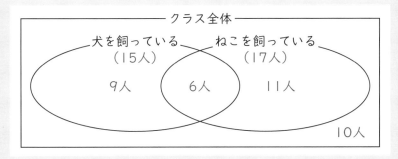

┌─ クラス全体 ─┐
　　犬を飼っている　　ねこを飼っている
　　　（15人）　　　　　（17人）
　　　　9人　　　6人　　　11人
　　　　　　　　　　　　　　　　10人

こたえ

10月

せつめい

　さしみに使える魚が2しゅるいなのは，1月，9月，10月，12月です。そのうち，パフェに使えるくだものが1しゅるいなのは，10月です。

> 食べ物がとくにおいしく食べられる時期のことを，「旬」というよ。

こたえ

表	ア	イ	ウ	エ	オ	カ
うら	1	5	4	6	2	3

せつめい

　1回目の様子から，たとえば**カ**のうらは2，4，5ではないことがわかります。同じように考えると，次のことがわかります。

アのうら　　1　~~2~~　3　~~4~~　~~5~~　~~6~~

イのうら　　1　2　3　4　5　6

ウのうら　　~~1~~　~~2~~　~~3~~　4　~~5~~　~~6~~

エのうら　　1　~~2~~　3　~~4~~　~~5~~　6

オのうら　　1　2　~~3~~　4　~~5~~　~~6~~

カのうら　　~~1~~　~~2~~　3　~~4~~　~~5~~　~~6~~

だから，**ア**のうらは1，**ウ**のうらは4，**カ**のうらは3です。

エのうらは1や3ではないから6で，**オ**のうらは1や4ではないから，2です。

あまった5は**イ**のうらとわかります。

㊵ じょうけんを当てよう

68 ページ

こたえ

あ 〈こたえのれい〉鳥の名前　　い 〈こたえのれい〉空をとべるもの

せつめい

あ　消えずにのこったものは，どれも鳥の名前です。「鳥」や「鳥のなかま」のように書いても正かいです。「生き物」というこたえは，とんぼが消えていることに合わないから，まちがいです。

い　消えずにのこった「とんび」と「はと」は，鳥の中でも空をとべる鳥です。消えた「だちょう」や「ペンギン」は，空をとべない鳥です。

《ワンポイント》
いは「空を飛ぶ鳥」などでもかまいません。鳥でないものがあですでに消されていることから，鳥に限らなくても成立することがわかると，さらによいでしょう。
なお，いで「飛ぶ」などと書いた場合は，解答欄の後と続けたときに文章として不自然になってしまうことを指摘し，解答欄に合う表現で書くよう促してあげてください。

㊶ 白組か赤組か当てよう

69 ページ

こたえ

かんたさん，たくみさん

せつめい

　かんたさんが白組だとします。すると，かんたさんは本当のことを言うから，まさとさんは赤組で，たくみさんは白組です。まさとさんは赤組なので，本当ではないことを言うから，たくみさんは白組で，せいやさんは赤組です。たくみさんは白組なので，本当のことを言うから，せいやさんは赤組で，なおきさんも赤組です。すると，赤組が３人になってしまうので，おかしいとわかります。

　かんたさんが赤組だとします。すると，かんたさんは本当ではないことを言うから，まさとさんは白組で，たくみさんは赤組です。まさとさんは白組なので，本当のことを言うから，たくみさんは赤組で，せいやさんは白組です。たくみさんは赤組なので，本当ではないことを言うから，せいやさんは白組で，なおきさんも白組です。すると白組が３人，赤組が２人になるので，これが正しいこたえです。

㊷ 点数を当てよう

70 ～ 71 ページ

こたえ

《計算》 **1** 3（点） **2** 3（点） **3** 4（点）

《漢字》 **1** 2（点） **2** 1（点） **3** 4（点） **4** 3（点）

せつめい

《計算》 やすおさんは 4 点なので，**3** は 4 点とわかります。よしきさんは 7 点なので，**2** は，7 － 4 ＝ 3（点）です。ゆうじさんは 6 点なので，**1** は，6 － 3 ＝ 3（点）です。

《漢字》 よしきさんがまちがえた問題は，10 － 8 ＝ 2（点）分です。だから，**1** は 2 点です。

　ゆうじさんがまちがえた問題は，10 － 7 ＝ 3（点）分です。**1** は 2 点だから，**2** は，3 － 2 ＝ 1（点）です。

　やすおさんがまちがえた問題は，10 － 6 ＝ 4（点）分です。**2** は 1 点だから，**4** は，4 － 1 ＝ 3（点）です。

　ぜんぶで 10 点だから，**3** は，10 － 2 － 1 － 3 ＝ 4（点）です。

㊸ 魚の漢字を当てよう

72 ～ 73 ページ

こたえ

鰯——いわし　　鮃——ひらめ　　鯖——さば

せつめい

「鰯」は，「よわし」から音がかわったので，音がにている「いわし」だとわかります。

「鮃」は，名前の音にも入っている通り平べったい魚で，「かれい」ではないので，「平」の音が入っている「ひらめ」だとわかります。

「鯖」は，まだ線でつながれていないもののうち青っぽい魚なので，「さば」だとわかります。

> 《ワンポイント》
> いわしの語源は，大量にとれ「卑しい（高級でない）」ことから転じたという説もあります。
> ひらめは「鮃」のほかに，「平目」と書くこともあります。

こたえ

① 3, 4, 6　　② エ　　③ ア, ウ, エ

せつめい

①

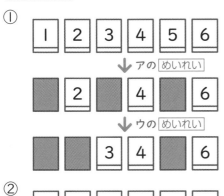

②

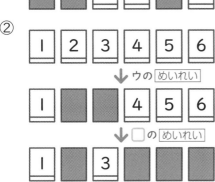

もう 1 つの めいれい で 3 と 4 と 5 と 6 をひっくり返すので, **エ** です。

③ 1 のカードをひっくり返すことができるのは**ア**の めいれい だけ, 2 のカードをひっくり返すことができるのは**ウ**の めいれい だけです。

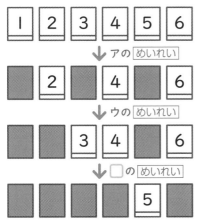

もう 1 つの めいれい で 3 と 4 と 5 と 6 をひっくり返すので, **エ** です。

45 何をせつめいしているか考えよう②

こたえ

① かさ　　② はし　　③ ひこうき

せつめい

① 雨の日に雨にぬれないようにさす「雨がさ」や，晴れの日に日ざしをさえぎる「日がさ」があります。

② 「長い」，「短い」という言葉で表すものだから，ぼうやひものように長さのある形のものだと予想して考えます。

③ ひこうきは，とび立つ前やおりたあとの走るときにはタイヤを出していて，とんでいる間はタイヤをしまっておきます。

46 使った乗り物を当てよう

こたえ

さくら町からたけだ町まで　電車
たけだ町からはすみ町まで　バス
はすみ町からもみじ町まで　地下鉄

せつめい

ちょうど60分で行ける行き方は，
　① さくら町からたけだ町まで　電車
　　たけだ町からはすみ町まで　バス
　　はすみ町からもみじ町まで　地下鉄
　② さくら町からたけだ町まで　バス
　　たけだ町からはすみ町まで　電車
　　はすみ町からもみじ町まで　電車
のどちらかです。

　①のときにかかるねだんは，300 ＋ 400 ＋ 300 ＝ 1000（円），②のときにかかるねだんは，200 ＋ 500 ＋ 400 ＝ 1100（円）なので，①の行き方だとわかります。

《ワンポイント》
値段が 1000 円になる行き方から考えて，
　電車→電車→バス（65分）
　電車→バス→地下鉄（60分）
　バス→電車→地下鉄（65分）
　バス→バス→電車（65分）
の 4 通りを調べる方法もあります。

こたえ

イ

せつめい

ア，ウ，エの 3 つの国は，ほかの国を 1 つだけ通って海に出ることができます。

ア

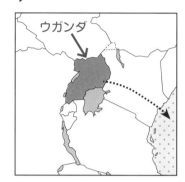

ウ

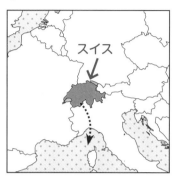

エ

《ワンポイント》
二重内陸国はリヒテンシュタインとウズベキスタンの 2 つだけです。世界地図で，国の場所を探してみても面白いでしょう。

---

48 糸電話で話そう　　　　　　80 ～ 81 ページ

こたえ

①

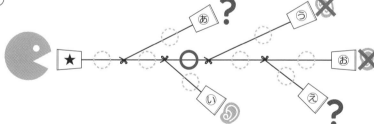

②

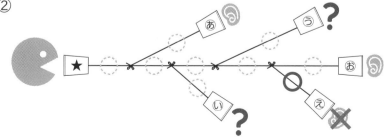

こたえ

	おはじき	ビー玉
あやかさん	1 こ	3 こ
なのかさん	5 こ	2 こ
まりかさん	4 こ	1 こ
ゆうかさん	2 こ	6 こ

せつめい

　あやかさんは，合わせて4こもらっていて，おはじきの数はビー玉より少なかったので，おはじきが1こ，ビー玉が3こです。

　まりかさんがもらったビー玉の数は，あやかさんがもらったおはじきの数と同じなので，1こです。合わせて5こもらっているので，おはじきは，5－1＝4（こ）です。

　なのかさんがもらったビー玉の数は，あやかさんがもらったビー玉の数より少なかったので，1こか2こです。ゆうかさんの話から，もらったビー玉の数は4人ともちがうので，なのかさんがもらったビー玉は2こで，ゆうかさんがもらったおはじきも2こです。

　ビー玉はぜんぶで12こだから，ゆうかさんがもらったビー玉は，12－3－2－1＝6（こ）です。おはじきもぜんぶで12こだから，なのかさんがもらったおはじきは，12－1－4－2＝5（こ）です。

こたえ

よくがんばったね

せつめい

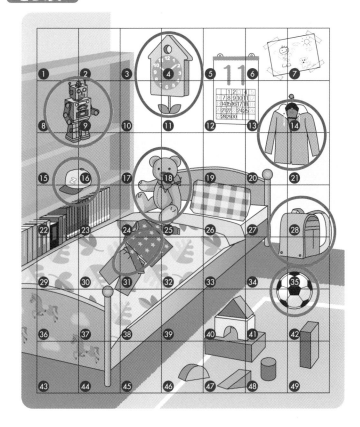

Z-KAI